Guntram E. Overbeck

Das Paradoxon der Geldanlage
Kombiniert mit den häufigsten Beratungsfehlern –
Wieso? Weshalb? Warum?

Guntram E. Overbeck

Das Paradoxon der Geldanlage

Kombiniert mit den häufigsten Beratungsfehlern –
Wieso? Weshalb? Warum?

Bibliografische Information der Deutschen Nationalbibliothek

Die Deutsche Nationalbibliothek verzeichnet diese Publikation in der
Deutschen Nationalbibliografie; detaillierte bibliografische Daten sind
im Internet über http://dnb.d-nb.de abrufbar.

Beachten Sie bitte stets unseren Aktualisierungsservice auf unserer
Homepage unter: **vvw.de** → **Service** → **Ergänzungen/Aktualisierungen**
Dort halten wir für Sie wichtige und relevante Änderungen und
Ergänzungen zum Download bereit.

Gleichstellungshinweis
Zur besseren Lesbarkeit wird auf geschlechtsspezifische Doppelnennungen verzichtet.

ISBN 978-3-96329-311-5

Inhaltsverzeichnis

1 Einleitung

Seit über 10 Jahren haben wir in Deutschland und in Europa eine Niedrigzinspolitik, d. h., der Zins liegt unter 1 % p. a.

Daran müssen sich die Beratung und auch die Art der Geldanlage anpassen. Der Einlagezins bei der Europäischen Zentralbank (EZB) liegt deutlich unter 0 % p. a. (2019: -0,5 % p. a.). Dies bedeutet: Die Banken erhalten keine Zinsen, sondern müssen Zinsen zahlen, wenn sie Geld bei der EZB parken!

Die Zinsen für die Kunden bei Banken sinken dadurch deutlich unter 1 % p. a. und sind teilweise schon negativ.

Was bedeutet das für die Beratung bei der Altersversorgung oder der Geldanlage, egal ob Sie Berater oder Sparer sind? Der Sparer ist direkt betroffen, dem Berater fehlen jedoch die Alternativen und oft auch die Erfahrung bei alternativen Möglichkeiten.

Zum Fehlen einer renditeträchtigen Geldanlage kommt noch die marode gesetzliche Absicherung (gesetzliche Rente/GRV) hinzu. Somit funktioniert weder die gesetzliche noch die private Absicherung.

Dieses Buch soll Sie unterstützen: Probleme müssen erkannt und angegangen werden. Lösungswege sollen helfen, dem Paradoxon der Geldanlage zu begegnen. Zusätzlich will dieses Buch auf zahlreiche Beratungsfehler in der Praxis hinweisen und andere Wege aufzeigen.

Die Anlageberatung hat mit unterschiedlichen Produkten und verschiedenen steuerlichen Aspekten zu tun. Wenn sie jedoch systematisch aufgebaut wird, können die Zusammenhänge auf fundamentale Grundlagen heruntergebrochen werden. Es ist keine große Wissenschaft – es geht um pure, unbestechliche Mathematik, einfache Logik und reinen Menschenverstand. Das Buch zeigt auf verständliche Weise und objektiv die Möglichkeiten auf.

Die einzelnen Kapitel sind nicht mit Definitionen, Fachtexten oder Ausschmückungen überfrachtet. Ziel des Buches ist es, kurz und knapp Probleme und Möglichkeiten aufzuzeigen. Zeit (auch Lesezeit) ist Geld und von beidem haben wir nie genug.

Kommen Sie mit auf die Reise zum Paradoxon Geldanlage und zu den Beratungsfehlern in Zeiten der Niedrigzinspolitik.

2 „Kurz und knapp" für Querleser

Berechnen Sie Ihre Rente!

Wie können Sie schnell und einfach aus Ihrem zur Verfügung stehenden Kapital die dazugehörige Rente berechnen oder, umgekehrt, aus Ihrer Rentenlücke das zum Schließen erforderliche Kapital ermitteln?

Um das für einen gewünschten Rentenbetrag notwendige Kapital zu bestimmen, kann bei einem Rentenbeginn mit 67 Jahren der Faktor 335 für die Berechnung genutzt werden. Hierzu rechnen Sie wie folgt:

notwendiges Kapital = Rentenlücke * 335

(Der Faktor 335 wurde anhand einer marktüblichen Rentenversicherung ermittelt.)

Den notwendigen Zins kann jeder leicht mit Apps bestimmen!

Um die vorhandene Rentenlücke zu schließen, muss bei einer vorgegebenen Laufzeit, dem fixen Beitrag und dem Kapitalwunsch die notwendige Rendite ermittelt werden.

Beispielsweise mit der App „Rechenknecht" auf dem Smartphone lässt sich dies leicht umsetzen.

Jede Berechnung einer Geldanlage wird durch Sparrate, Endkapital/Zielkapital und Laufzeit beeinflusst. Mit diesen drei Werten kann der vierte Wert, der Zins, bestimmt werden.

Wieviel Sicherheit können wir uns wirklich leisten?

Ein sicherheitsorientierter Sparer kann in der Niedrigzinsphase seine Rentenlücke im Alter nicht schließen – außer er ist sehr vermögend! Meist wird eine Rendite von mindestens 5 % p. a. benötigt, die in der jetzigen Marktphase jedoch nicht erwirtschaftet werden kann.

Was ist wichtiger: der Weg oder das Ziel?

In der aktuellen Niedrigzinsphase müssen wir umdenken. Anlageziel und Risikotoleranz sind für sicherheitsorientierte Sparer nicht gleichzeitig erfüllbar. Sie müssen sich entscheiden, was Ihnen wichtiger ist: der Weg (Risikotoleranz) oder das Ziel (Anlageziel/Ruhestand).

Garantien sind unglaublich teuer!

Garantien in der Anlage stellen – neben der Geldanlagegarantie – auch die Verfehlung des Rentenziels sicher. Die Kosten einer Garantie können sogar die Beitragssumme übersteigen!

Zurzeit ist eine garantierte Verzinsung von über 1 % nicht realistisch!

Wenn eine Anlage in der Niedrigzinsphase von über 1 % p. a. angeboten wird, muss diese ein Risiko enthalten. Bei einer Garantieanlage sollten Sie mit maximal 1 % p. a. rechnen.

Steuerfreie Anlagen gibt es doch!

Das Konzept der „steuerfreien Anlage" spart hohe Steuern. Selbst nach dem Jahr 2004/2005 ist eine steuerfreie Anlage immer noch möglich.

Daher sollte jeder Berater und auch Kunde die Möglichkeiten einer steuerfreien Ruhestandsplanung nutzen. Der Sparer spart bis zu 28 % Steuern (25 % Abgeltungssteuer + Soli + Kirchensteuer).

Vergleichen Sie Fonds-Direktanlagen und Fondspolicen

Ob eine Fondspolice oder eine Fonds-Direktanlage besser geeignet ist, hängt vom individuellen Fall ab.

Berechnen Sie Ihre Situation einfach selbst. Nutzen Sie hierzu das Excel-Tool „FLV versus Fonds". (Das Tool kann nur mit der Software Microsoft Excel betrieben werden.)

Lebenslange Laufzeit-Tarife sind enorm wichtig

Wissen Sie heute schon, wann Sie in Rente gehen, wie hoch dann die Steuer sein wird, wieviel Geld Sie zu diesem Zeitpunkt benötigen werden? Warum fixieren Sie dennoch alles auf einen bestimmten Zeitpunkt?

Ein Whole-Life-Tarif als flexible Lösung passt sich Ihren Wünschen an. Bei einem Laufzeittarif muss sich ein Sparer nach einem vorgegebenen Auszahlungszeitpunkt richten – er passt sich dem Tarif an. Dennoch nutzen viele Sparer die falsche Tarifart und nicht den Whole-Life-Tarif.

Obwohl ein Whole-Life-Tarif als lebenslanger Tarif in der dritten Schicht nur Vorteile aufweist, beraten viele Berater aus Tradition oder Unwissen immer noch Laufzeittarife. Das ist paradox!

Die Fonds-Besteuerung reduziert den Zinseszins

Bei Fonds fallen die Vorabpauschale, eine Zwischenbesteuerung bei Fondswechsel und eine Erlösbesteuerung mit der Abgeltungsteuer bei Verkauf an. Teilfreistellung reduziert den steuerpflichtigen Erlös, da schon auf der Fondsebene eine Steuer abgeführt wird. Diese Steuerarten können mittels Fondspolice in der Regel reduziert oder sogar vermieden werden.

Fondspolicen bieten enorme Möglichkeiten

Eine Fondspolice ist nach Kosten und nach Steuern oft die bessere Entscheidung. Dennoch hat die Fondspolice fälschlicherweise den Ruf, teuer zu sein.

Kombination aus Auszahlplan und Rente ist sinnvoll

Überlegen Sie sich gut, wann und ob Sie verrenten möchten. Meist ist eine Kombination aus Auszahlplan und Rente sinnvoll.

Finanzkrisen sind spitze!

Viele Investoren fürchten Schwankungen oder Finanzkrisen. Dabei sind gerade die massiven Schwankungen für Sparverträge und ihre Rendite überaus positiv.

Finanzkrisen sind der Renditekick für Sparverträge!

Beiträge sollten immer volatil, d. h. flexibel, investiert werden und die Anlage erst auf Wunsch in weniger risikoreiche Fonds gewechselt. Zum Ende hin ist an ein Ablaufmanagement zu denken!

Garantien sind zu teuer

Eine Garantie ist der teuerste Luxus, den sich ein Anleger leisten kann. Er verzichtet auf über 60 bis 80 % der Performance, wenn er bei einer längeren Laufzeit eine Beitragsgarantie haben möchte, die er in der Vergangenheit nie benötigt hätte!

Die Höhe der gesetzlichen Rente ist unsicher

Sie bekommen jedes Jahr einen Rentenbescheid. Gehen Sie bei Ihrer Planung nicht davon aus, dass die Prognosen, die dort enthalten sind, zutreffen werden. Denn die gesetzliche Rente wird nicht durch Kapital gesichert. Es ist lediglich ein Versorgungsanspruch oder Versorgungsversprechen, auf den man vertrauen muss oder eben auch nicht.

Bankanlagen auf 100.000 € beschränken

Nie mehr als 100.000 € bei einer Bank auf Sparkonten deponieren! Der Einlagensicherungsfonds haftet nur für diese Summe. Alle Einlagen darüber hinaus gehen nachrangig in die Insolvenzmasse der Bank ein. Dies bedeutet, dass bei einer Insolvenz der Bank die Gelder über 100.000 € verloren gehen können.

Gefahr und Risiko

Sparkonten und Fonds können nicht miteinander verglichen werden! Sie sind in den Bereichen Gefahr, Risiko und Rendite komplett unterschiedlich.

Aktienfonds sind gefährlich, aber langfristig risikoarm! Sparkonten sind ungefährlich, aber langfristig risikoreich!

Investieren Sie jetzt!

Mit einem Sparvertrag sollte umgehend begonnen werden. Die Zeit (Time) ist der wesentliche Faktor. Mit Timing (Einstiegszeitpunkt) kann eine etwas bessere Rendite erwirtschaftet werden. Aber viele Investoren warten zu lange, sodass die Laufzeit zu kurz wird. Bei einem Sparvertrag sollte mit dem Timing am besten beim höchsten Kurs begonnen werden.

Bei einer Einmalanlage spielt der Einstiegszeitpunkt eine gewisse Rolle. Wichtig ist jedoch, dass der Anleger überhaupt investiert. Time schlägt auch hier Timing!

Egal ob Sparplan oder Einmalanlage – nutzen Sie Ihre Zeit, um Rendite zu erwirtschaften. Investieren Sie heute und nicht erst in ein paar Monaten.

Inflation

Die persönliche Inflation sollte bei der Finanzplanung immer berücksichtigt werden.

Wenn die Inflationskompensation durch die Beitragserhöhung erreicht werden soll, muss die Dynamik deutlich über der Inflationsrate liegen. Die Dynamik liegt dann mindestens bei 5 %.

In der Anspar- und Ruhestandsphase muss sich jeder überlegen, ob er eine etwas riskantere Anlage wählt, um sein Ziel zu erreichen.

3 Tools

Alle im Buch angesprochenen Tools können Sie hier herunterladen:
http://kiosk.vvw-online.de/overbeck-paradoxon-der-geldanlage

Tool 1: Fondspolice vs. Fonds-Direktanlage

Tool 2: Wieviel Sicherheit kann ich mir leisten?

Tool 3: Zukunftssimulator

Tool 4: Beitragsgarantie mit Ablaufphase

4 Das Paradoxon der Geldanlage

Ein Paradoxon ist eine These oder eine Aussage, die dem allgemein Erwarteten auf unerwartete Weise zuwiderläuft und/oder meist zu einem Widerspruch führt.

Negative Zinsen bedeuten, jemandem Geld zu geben und später weniger zurückzuerhalten. Dieser Widerspruch ist damit jedoch nicht gemeint.

Der Widerspruch liegt darin, dass die Regierung den Beratern per Gesetz einige Regeln vorschreibt, die in ihrer Gesamtheit nicht zu erfüllen sind, da sie sich widersprechen.

Versicherungsvertragsgesetz (VVG)

§ 7c
Beurteilung von Versicherungsanlageprodukten; Berichtspflicht

(1) Bei einer Beratung zu einem Versicherungsanlageprodukt hat der Versicherer zu erfragen:

1. Kenntnisse und Erfahrungen des Versicherungsnehmers im Anlagebereich in Bezug auf den speziellen Produkttyp oder den speziellen Typ der Dienstleistung,

2. die finanziellen Verhältnisse des Versicherungsnehmers einschließlich der Fähigkeit des Versicherungsnehmers, Verluste zu tragen, und

3. die **Anlageziele** einschließlich der **Risikotoleranz** des Versicherungsnehmers.

Zusätzlich greift noch

§ 59
Begriffsbestimmungen

(1) Versicherungsvermittler im Sinn dieses Gesetzes sind Versicherungsvertreter und Versicherungsmakler. Die §§ 1a, 6a, 7a, 7b und 7c gelten für Versicherungsvermittler entsprechend.

Niemand muss diese Paragrafen unbedingt verstehen. Dennoch muss sie jeder beachten.

In § 7c (3) steht, dass ein Berater den Investor oder Geldanleger nach den <u>Anlagezielen</u> und der <u>Risikotoleranz</u> (Sicherheitsbewusstsein) beraten muss. Dies gilt für alle Berater (Makler, Generalagent, …)!

Die Anlageziele und auch das Sicherheitsbewusstsein müssen die größte Rolle spielen. Aus diesem Grund sind sie auch im Gesetz verankert.

Jedoch führt genau dies zu einem Paradoxon, wenn der Sparer sich Sicherheit bei seiner Geldanlage wünscht. Und dieses Paradoxon zeige ich Ihnen nun auf.

Um es herzuleiten, genügt eine Annahme:

Mathematik ist unbestechlich und somit objektiv!

Eine einfachere Beratung kann es nicht geben – aber wir können sie vereinfachen!

9

4.1 Herleitung des Paradoxons

Die häufigste Beratung am Markt betrifft die Altersversorgung oder den Ruhestand. Daher soll an einem jungen Sparer eine Beispielberatung aufgezeigt werden. Diese Beratung gilt für jeden – lediglich die Rentenlücke wird bei älteren Sparern geringer. Sie haben ja schon etwas für den Ruhestand zurückgelegt.

Beispiel:

Alter: 22 Jahre, risikoavers (sicherheitsorientiert)

Gehalt: Durchschnittsgehalt (ca. 40.500 € p. a. im Jahr 2020, 3.375 € mtl.)

Annahme: 45 Jahre Arbeitnehmer

Rentenziel: 80 % des Einkommens während des Erwerbslebens (2.700 € mtl.)

Als Rentenziel sind 80 % angegeben, da Rentner keine Rentenversicherungsbeiträge und Altersvorsorgebeiträge mehr leisten müssen – das entspricht ungefähr 20 % (der Hälfte des gesetzlichen Rentenversicherungsbeitrages = ca. 10 %, Empfohlener Beitrag für die private Absicherung ca. 10 % des Bruttogehaltes).

Generell ist für den Rentenbeginn inzwischen das Alter von 67 Jahren vorgesehen. Ob dies in Zukunft noch zeitgemäß ist und sich nicht doch nach hinten verschieben wird, werden wir in der Zukunft sehen.

Pro Arbeitsjahr erhält der Durchschnittsverdiener in der gesetzlichen Rentenversicherung einen Rentenentgeltpunkt. Diese Punkte werden aufsummiert und ergeben eine Gesamtpunktzahl, die mit dem Rentenwert eines Punktes multipliziert wird.

45 Jahre entsprechen bei einem Durchschnittsverdiener 45 Punkten.

Aktueller Rentenwert (2020) = 33,05 € (West)

→ Die erwartete Rente beläuft sich somit auf 33,05 € * 45 = ca. 1.480 € mtl. (abgerundet).

Ob die gesetzliche Rente in dieser Höhe ausgezahlt werden wird, wird weiter unten diskutiert werden. Vorerst soll diese als gegeben angesetzt werden. Die Inflation wird auch noch nicht berücksichtigt, da dies die Beispielbetrachtung zunächst erschweren wird. Daher werden wir auch die Inflation [siehe S. 69] erst später betrachten.

Rentenwunsch	2.700 € mtl.
Gesetzliche Rente (Erwartung)	1.480 € mtl.
Rentenlücke	**1.220 € mtl.**

Um das notwendige Kapital für die gewünschte Rente zu ermitteln, gibt es überschlägige Faktoren, die mit der Rente multipliziert werden können. Bei diesen Faktoren ist ein gewisser Zinssatz und eine normale Kostenquote hinterlegt.

Rentenbeginn	65 Jahre	66 Jahre	67 Jahre
Faktoren mit Garantie (lebenslange Rente)	361	348	**335**

→ 1.220 € mtl. ˣ 335 (Alter 67 Jahre) = 409.000 € notwendiges Kapital

Tipp: Um aus einem Rentenwunsch das dafür notwendige Kapital zu bestimmen, können die angegebenen Faktoren (hier: Rentenbeginn mit 67 Jahren → 335) genutzt werden.

Der Beispielsparer muss nach dieser Berechnung bis zum 67. Lebensjahr ein Kapital von ca. 400.000 € aufgebaut haben, um die vorhandene Rentenlücke zu schließen. Dabei sind die Inflation und die Probleme der gesetzlichen Renten vorerst noch nicht berücksichtigt.

4.2 Mathematik: Zinseszinsformel

Für die weitere Berechnung benötigen wir als Basis die Zinseszinsformel.

Die Zinseszinsformel für eine Einmalanlage lautet:

$$Z = K \cdot (1+p)^t$$

Die Zinseszinsformel für einen Sparvertrag lautet:

$$Z = K \cdot q^t + K_n \frac{q^t - 1}{q - 1}$$

Z = Zielkapital, K = [Sparrate (K_n)/Anfangskapital (K)], q = (1 + Zins p), t = Laufzeit

Für die Einmalanlage gibt es ein bekanntes Beispiel:

Wenn Sie bei Jesu Geburt 1 € für einen Zins für 2 % p. a. angelegt hätten, besäßen Sie heute bei einer Laufzeit von 2020 Jahren ungefähr eine Summe von:

$$1 \cdot 1{,}02^{2020} = ca.\,236.000.000.000.000.000$$

Dies sind 236 Billarden EUR – eine unvorstellbare Summe! Dies zeigt die Auswirkungen einer langen Laufzeit. Je länger Sie investieren, desto ertragreicher ist Ihre Anlage.

Für beide Formeln gibt es im Internet und auch als App zahlreiche Anwendungen, z. B. den „Rechenknecht". Wählen Sie in dieser App das Programm „Zinsen" und Sie können mit der Berechnung loslegen.

Tipp: Mit der App „Rechenknecht" auf dem Smartphone lässt sich die Berechnung leicht durchführen.

Eines lässt sich aus den Formeln gut ablesen: die Variablen. In beiden Formeln stecken vier unbekannte Größen (Variablen). Wenn drei davon festgelegt werden, wird automatisch der vierte Wert berechnet.

Die vier Werte sind Zielkapital, Sparrate, Zins und Laufzeit. Diese vier Werte hängen direkt miteinander zusammen. Wenn der Sparer eine hohe Sparrate hat, eine lange Laufzeit und einen hohen Zins, erhält er deutlich mehr als Zielkapital als bei einer nur geringen Sparrate. Jedoch lässt sich eine geringe Sparrate durch eine lange Laufzeit oder durch einen noch höheren Zins ausgleichen.

Tipp: Jede Berechnung einer Anlage wird durch Sparrate, Zins und Laufzeit beeinflusst. Mit diesen drei Werten kann der vierte Wert, das Endkapital/Zielkapital, berechnet werden.

Mathematisch betrachtet sind diese vier Werte echte Variablen, d. h., die Höhe dreier Werte lässt sich beliebig verändern, um den vierten Wert zu berechnen.

In der Praxis sind jedoch nicht alle Werte so flexibel.

Sparrate

Die Sparrate wird vom Sparer selbst festgelegt. Dabei hat er gewisse Möglichkeiten, diese hoch- und herunterzusetzen. Sie ist aber nicht vollständig variabel, da ein Sparer immer begrenzte Mittel zum Sparen hat. Der Beitrag ist daher nach oben begrenzt.

Laufzeit

Die Laufzeit bestimmt sich durch den Rentenbeginn abzüglich des jetzigen Alters. Hier kann evtl. der Rentenbeginn etwas nach hinten verschoben werden, aber wer will erst mit 80 Jahren in Rente gehen? Auch diese Variable ist nach oben, also in der Länge, begrenzt.

Zielkapital

Das Zielkapital wird durch den Rentenwunsch bestimmt. Das bedeutet, jeder hat eine bestimmte Vorstellung von seinem Ruhestand. Der eine möchte reisen und/oder Enkel besuchen und vieles erleben, was er bisher nicht machen konnte. Hierfür benötigt er ein gewisses Renteneinkommen. Aber auch wenn er keine großen Pläne hat: Das Leben kostet, denn z. B. Miete, Essen und Kleidung braucht jeder. Auch der Rentenwunsch bzw. die Rentenhöhe ist daher nur innerhalb einer gewissen Spanne flexibel. Das Zielkapital/der Rentenwunsch ist durch den Mindestrentenbedarf nach unten begrenzt.

Zins

Somit ist tatsächlich die Rendite die einzige echte Variable. Häufig wird vermutet, dass die Rendite fix ist. Da Sie die Möglichkeit haben, sich überall am Markt zu bedienen, können Sie auch jede Anlagemöglichkeit und somit deren Renditehöhe erreichen. Nur weil es auf dem Sparbuch keine oder sogar nur negative Zinsen gibt, heißt das nicht, dass sich alle Anlageprodukte entsprechend negativ auswirken.

Können Sie sich ein Produkt vorstellen, das Ihnen folgende Rendite verspricht:

1.000.000.000 % (1 Milliarde %) pro Tag?

Wenn Sie die Höhe dieser Rendite lesen, was kommt Ihnen sofort in den Sinn? „Das kann gar nicht sein!", „Das gibt es nicht!", „Was soll das denn sein?"?

Interessant ist, dass jeder 10. Deutsche diese „Anlage" nutzt. Es handelt sich bei dieser Anlage um eine Wette bzw. um das Lotto-Spielen.

Wenn ich am Freitag 1 € investiere, am Samstag alle Zahlen richtig getippt habe und dadurch 10 Mio. € gewinne, habe ich genau 1 Mrd. Prozent Gewinn an einem Tag erzielt.

„Wetten" sind eine spezielle Art von Geldanlage (oder Verschwendung). Immer dann, wenn Geld investiert und (evtl.) Geld zurückerhalten wird, kann von einer Geldanlage gesprochen werden.

Es ist …

140 mal wahrscheinlicher, vom Blitz getroffen zu werden!

10 mal wahrscheinlicher, Präsident der USA zu werden!

1 fast gleich wahrscheinlich, von einem umfallenden Getränkeautomat zu Tode gequetscht zu werden.

Quelle: https://www.wattpad.com/79433236-just-for-fun-10-dinge-die-wahrscheinlicher-sind

Diese Statistik zeigt jedoch auch, wie risikoreich diese Geldanlage ist. Denn dass Sie wirklich diese große Summe gewinnen, ist denkbar unwahrscheinlich.

Interessant dabei ist, dass die Deutschen bei der Geldanlage als sehr risikoavers/risikoscheu gelten. Aber bedenken Sie, dass jeder 10. Deutsche die risikoreichste Anlage – eine Wette oder Lotto – tätigt!

Da im obigen Beispiel die drei Variablen (Laufzeit, Zins, Zielkapital) halbwegs bestimmt sind, kann die vierte Variable, der Beitrag, berechnet werden. Bei einer Formel mit vier Variablen bestimmen automatisch drei fixe Werte den vierten Wert.

In unserem Beispiel gibt es folgende Situation:

Alter: 22 Jahre, risikoavers (sicherheitsorientiert) → max. 2 % p. a. Zins

Gehalt: Durchschnittsgehalt (ca. 40.500 € p. a. im Jahr 2020, 3.375 € mtl.)

Laufzeit: 45 Jahre Arbeitnehmer

Rentenziel: 80 % des Einkommens während des Erwerbslebens (2.700 € mtl. → ca. 400.000 €)

Laufzeit: 45 Jahre (Arbeitnehmerzeit)

Zins: 0 % bis max. 2 % p. a. (risikoavers/risikoscheu)

Zielkapital: 400.000 €

Da der Beispielkunde sicherheitsorientiert ist, kann in der Niedrigzinsphase keine Rendite erwartet werden. Da kaum mit 0 % p. a. gerechnet werden kann, setzen wir 2 % p. a. als Zins ein – auch wenn dies bei einer anhaltenden Niedrigzinsphase langfristig im sicheren Bereich nicht wahrscheinlich ist.

Nun können Sie ein Rechentool, z. B. den „Rechenknecht", nutzen:

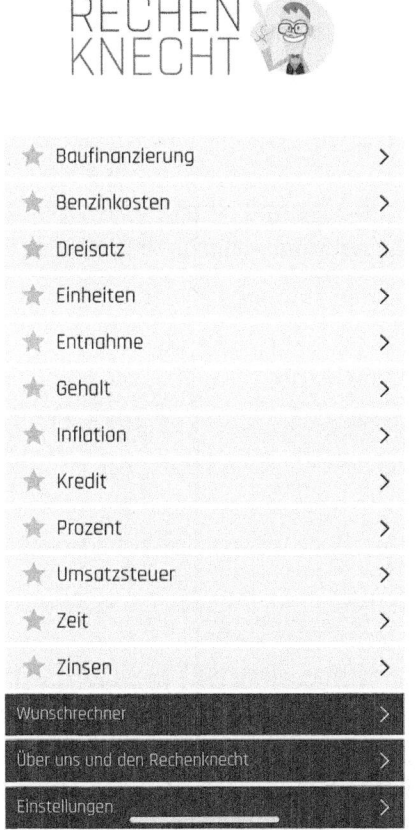
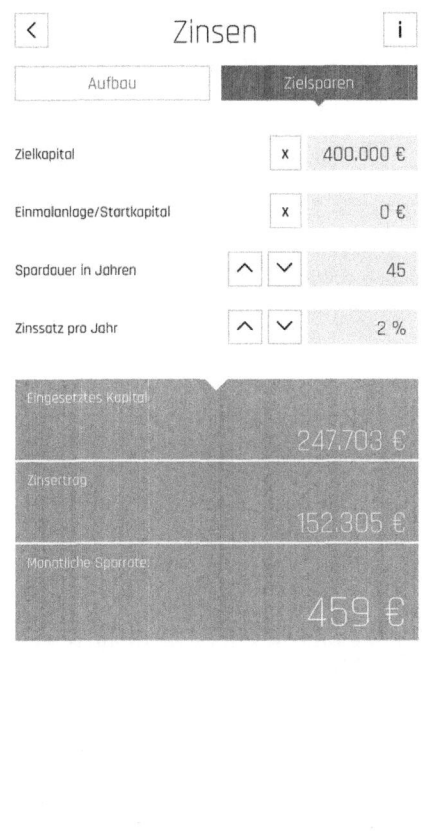

Abb. 1: Maske „Rechenknecht"

Bei einem Zinssatz von 2 % p. a., einer Laufzeit von 45 Jahren und einem Ziel von 400.000 € müssen Sie 459 €, als o rund 460 € monatlich, sparen.

Um prüfen zu können, ob ein Arbeitnehmer sich einen Beitrag von 460 € mtl. leisten kann, nutzen Sie das Tool „Gehalt" des „Rechenknechts".

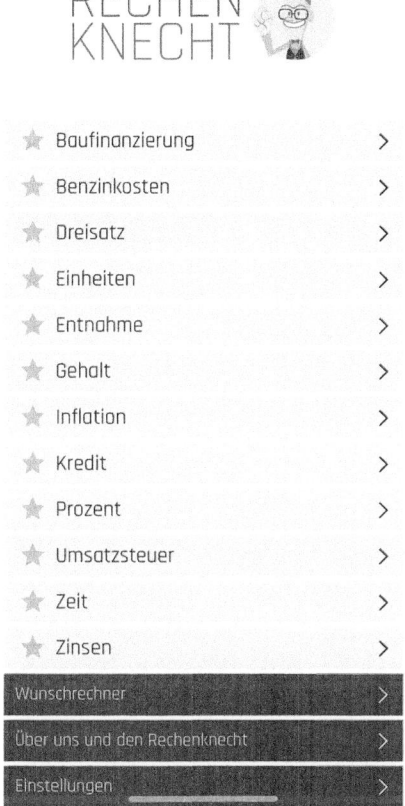

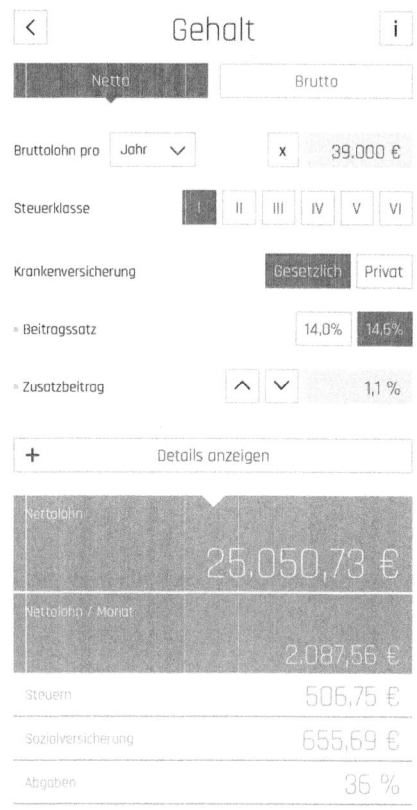

Abb. 2: Gehaltsrechner vom Rechenknecht

Der Beispielsparer hat ein Netto-Gehalt von rund 2.130 € mtl. Daher ist klar, dass er sich keinen Beitrag für die Altersversorgung i. H. v. 460 € mtl. leisten kann. Er möchte ja auch heute schon gut leben können. Er könnte vermutlich 200 bis 250 € monatlich sparen, aber nicht 460 €.

Was zeigt uns dieses Beispiel?

Wenn Sie ein sicherheitsorientierter Sparer sind oder als Berater einen solchen beraten, gibt es keine Möglichkeit, mit den gegebenen Mitteln das Anlageziel zu erreichen. Denn Anlagekosten und Inflation sind bei dieser Berechnung noch nicht einmal berücksichtigt!

> Ein sicherheitsorientierter Sparer kann in einer Niedrigzinsphase seine Rentenlücke im Alter nicht schließen – außer, er ist sehr vermögend!

Das Paradoxon der Geldanlage liegt darin, dass kein Berater diese Zwickmühle durch eine einfache Beratung auflösen kann. Sie müssen die vier Variablen (Zins, Laufzeit, Zielkapital, Beitrag) verändern.

Wenn nun ein maximaler Sparbeitrag (200 € monatlich) durch die Einkommenssituation vorgegeben wird, können wir dies in den „Rechenknecht" eingeben.

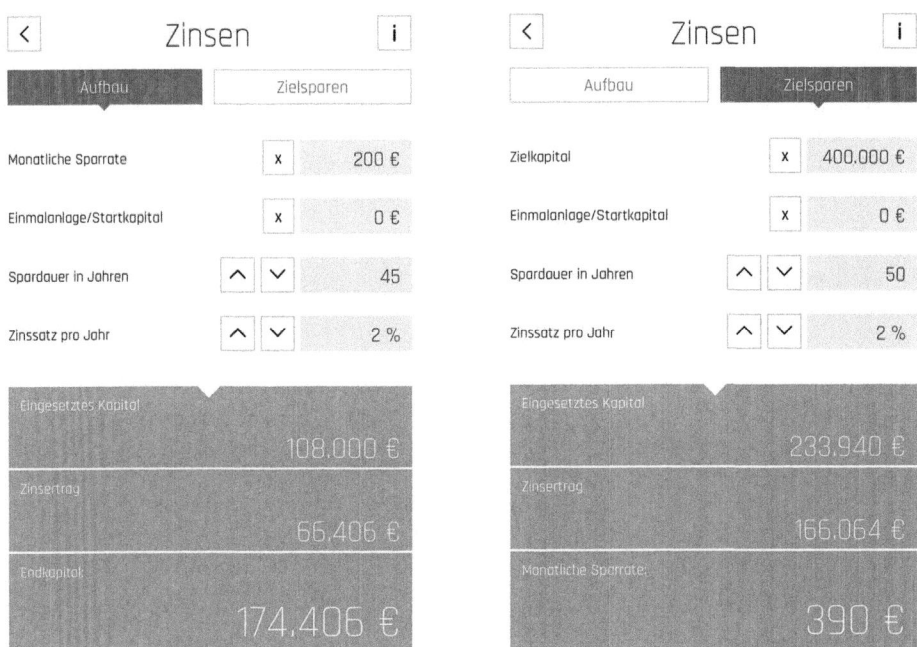

Abb. 3: Zinsberechnung Rechenknecht

Ohne etwas zu verändern (200 € monatlicher Beitrag, 45 Jahre Laufzeit und 2 % p. a. Zins) wird der Sparer nur eine Summe von rund 175.000 € (geteilt durch den Faktor 335 = 522 € monatliche Rente) erhalten. Dies reicht nicht für die gesetzten Ziele im Alter. Das Zielkapital zu verändern, bringt den Sparer in Existenzängste.

Wir könnten den Rentenbeginn ändern und somit die Spardauer verlängern.

Statt mit 67 Jahren könnte man ja auch etwas später, z. B. mit 72 Jahren, in Rente gehen. Dadurch verlängert sich die Laufzeit um 5 Jahre – auf 50 Jahre.

Der Beitrag reduziert sich dann von 460 € auf 390 €. Das ist zwar ein Schritt in die richtige Richtung, aber der erforderliche Beitrag von 200 € monatlich wird um 190 € überschritten. Zusätzlich sollte man sich auch die Frage stellen, ob man wirklich bis 72 Jahre arbeiten will und auch gesundheitlich dies an seinem aktuellen Arbeitsplatz überhaupt kann!

Somit lässt sich nur noch der Punkt „Zins" ändern, um das gewünschte Ziel zu erreichen.

Bis jetzt sind wir immer davon ausgegangen, dass die sicherheitsorientierte Anlagementalität die oberste Zielsetzung ist, und dabei konnte maximal mit einem Zins von 2 % p. a. gerechnet werden.

Daher müssen wir umdenken. Denn mit sicherheitsorientierten Anlagen kommen wir nicht mehr weiter. Das Paradoxon der Geldanlage bedeutet, dass man das Anlageziel und die Risikotoleranz in der aktuellen Marktphase nicht gleichzeitig berücksichtigen kann. Entweder man verfehlt seine Ziele (die Schließung der Rentenlücke) oder muss mehr Risiko in Kauf nehmen, um eine höhere Renditeerwartung zu bekommen. Zinsen/Renditen von ca. 6 bis 7 % p. a. sind realistisch, wenn Kapital-Schwankungen in Kauf genommen werden. Wie hoch das Risiko sein wird oder sein muss, werden wir später noch aufzeigen.

Wenn wir nun lediglich statt mit 2 % p. a. mit einer schwankungsintensiveren Anlage (also 6 % p. a.) rechnen, ergibt sich folgendes Bild:

Um bei einer Laufzeit von 45 Jahren und einer Rendite von 6 % p. a. ein Zielkapital von 400.000 € zu erreichen, benötigt man einen Beitrag von 152 € – also rund 160 € monatlich.

Somit kann das Ziel mit einer Sparrate von 200 € monatlich gut erreicht werden.

In Kapitel 10 zur Inflation wird aufgezeigt, dass auf jeden Fall der Beitrag von 200 € mtl. genutzt werden sollte (auch wenn nur ca. 160 € mtl. benötigt werden), um damit zumindest einen Teil der Inflation auszugleichen.

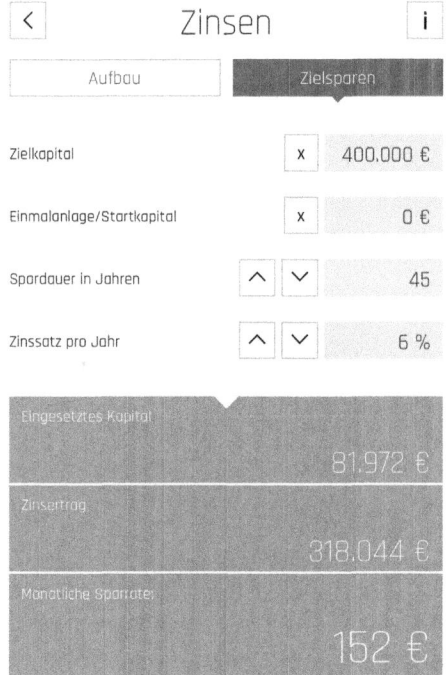

Abb. 4: Beitragsberechnung mit 6 % p. a. Zins

Hier muss jeder entscheiden, was ihm wichtiger ist: das Ziel oder der Weg.

Fragen Sie sich selbst:

> Wieviel Sicherheit können Sie sich leisten?

Mit obiger Formel kann jeder schnell berechnen, wie hoch der Zins sein muss, um bei vorgegebener Sparrate und vorgegebener Laufzeit sein Zielkapital zu erreichen.

In den meisten Fällen läuft es auf einen Zinssatz von 4 bis 8 % p. a. hinaus. Das ist ein Zins, der in der jetzigen Marktphase im sicheren Bereich definitiv nicht zu erreichen ist.

Die einzige Alternative sind Aktien oder Aktienfonds. Doch das ist nicht das Anlageprodukt, das sich die meisten Deutschen aussuchen würden. Evtl. haben sie selbst schlechte Erfahrungen gemacht und wagen sich nicht mehr an den Markt heran.

Dennoch: In der jetzigen Niedrigzinsphase müssen Sie sich entscheiden – und zwar so schnell als möglich:

> Wieviel Sicherheit können Sie sich leisten? Überlegen Sie genau!

Mit sicheren Anlagen werden Sie in den meisten Fällen Ihr Rentenziel verfehlen. Die Berechnungen haben es gezeigt.

Wenn Sie jedoch auf schwankungsintensivere Anlagen setzen, haben Sie zumindest eine Chance, Ihre Ziele zu erreichen.

Die Frage ist nicht einfach zu beantworten! Entweder man hat in der Sparphase keine großen Schwankungen, aber dafür massive Probleme beim Wunschrentenbezug, oder man muss in der Sparphase mit Schwankungen leben und hat dafür die Chance auf einen erfüllten Ruhestand.

Tipp: Garantien in der Anlage stellen – neben der Geldanlagegarantie – auch die Verfehlung des Rentenziels sicher.

Neben der Frage „Wieviel Sicherheit kann ich mir leisten?" muss jedem auch Folgendes klar sein:

> „Für denjenigen, der im Alter nicht genügend Geld besitzt, beginnt eine lebenslange Haftstrafe!"

Kein Berater kann dem Sparer hier helfen. Der Berater kann zwar beide Wege (ruhiger oder schwankungsintensiver Verlauf) mit den Folgen (Zielverfehlung oder Möglichkeit der Zielerreichung) aufzeigen, aber wählen muss letztlich jeder für sich selbst.

Dabei können Sie auf einfache Weise eine Entscheidung treffen:

Aktuelle Rentenlücke: _____ EUR

Notwendiges Kapital = _____ EUR x _____ = [_____ EUR]
zur Rentenschließung   (Rentenlücke)   (Faktor*)

Ruhestand mit Alter	60	61	62	63	64	65	66	67
Faktoren mit Garantie (lebenslange Rente)	429	415	401	388	374	361	348	335

Abb. 5: Berechnung der Rentenlücke mit Faktoren
    © Helvetia Leben Akademie

Mit der Rentenlücke, kann hier die Priorität (Zielerreichung = Mindestrendite oder Risikoklasse = Weg für das Ziel) getroffen werden.

Mindestrendite: _____ % (Tool: Wieviel Sicherheit kann ich mir leisten?)

Risikoklasse: _____ (Tool: Risikoklassen)

Rangfolge der Schichten   1. Schicht (Basisrente)
(reine Renditebetrachtung):   2. Schicht (bAV, Riester)
                           3. Schicht (Privatrente)

Prio	1	2	3

(Bitte ankreuzen, Tool: Risikoklassen)

Abb. 6: Priorisierung Ziel versus Weg
    © Helvetia Leben Akademie

Jede Rendite oberhalb von 2 bis 3 % p. a. erfordert eine Anlage mit höherer Schwankung oder größerem Risiko. Daher müssen Sie die Priorität setzen:

Wer sein Ziel erreichen will, muss der Rendite und somit der Schwankung die Priorität 1 geben. Wer in der Sparzeit viel Sicherheit haben möchte, muss seine Risikoklasse niedrig (1 oder 2) setzen.

Die folgenden Kapitel werden Ihnen deutlich machen:

1) Bei Sparverträgen ist eine große Schwankung gut für die Rendite.

2) Langfristig betrachtet sind Aktienfonds nicht mehr so risikoreich.

Fazit:

In der aktuellen Niedrigzinsphase müssen Anleger und Berater umdenken. Das Anlageziel und eine Risikotoleranz sind für sicherheitsorientierte Sparer nicht gleichzeitig erfüllbar. Sie müssen sich entscheiden, was Ihnen wichtiger ist: der Weg oder das Ziel!

Diese zunächst sehr grobe Berechnung kann durch die Berücksichtigung von Steuern und Kosten noch verfeinert werden. Hierzu können Sie das Tool „Wieviel Sicherheit kann ich mir leisten?" herunterladen und Ihre Daten eingeben und Ihre Situation prüfen.

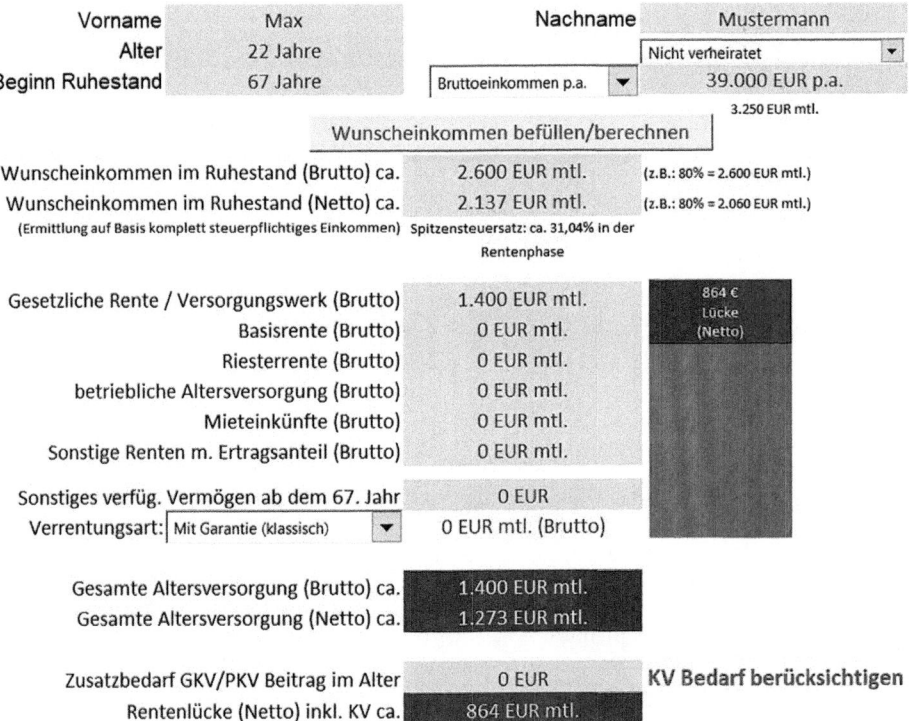

Abb. 7: Eingabemaske des Tools „Wieviel Sicherheit kann ich mir leisten?"
© Helvetia Leben Akademie

Mit diesem Tool wird eine Netto-Rentenlücke i. H. v. ca. 860 € mtl. ermittelt (ohne Inflation).

Da der Anleger sich selbst als konservativen und sicherheitsbewussten Sparer einschätzt, können wir somit nur eine Rendite von ca. 2 % p. a. in der jetzigen Zinslandschaft als sicheren Zins annehmen.

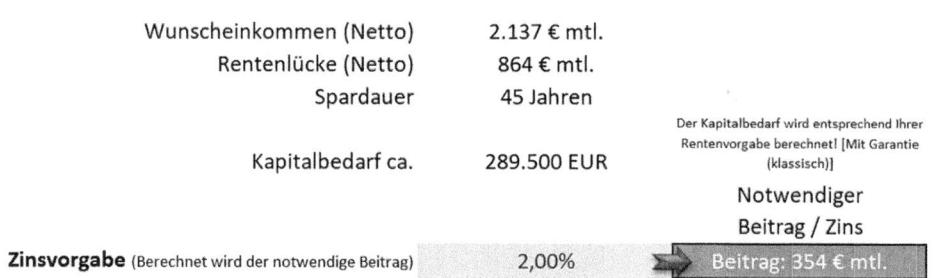

Wunscheinkommen (Netto)	2.137 € mtl.	
Rentenlücke (Netto)	864 € mtl.	
Spardauer	45 Jahren	
		Der Kapitalbedarf wird entsprechend Ihrer Rentenvorgabe berechnet! [Mit Garantie (klassisch)]
Kapitalbedarf ca.	289.500 EUR	
		Notwendiger Beitrag / Zins
Zinsvorgabe (Berechnet wird der notwendige Beitrag)	2,00%	Beitrag: 354 € mtl.

Abb. 8: Berechnung des Beitrages bei vorgegebenem Zins
© Helvetia Leben Akademie

Um die Rentenlücke zu schließen, muss der Sparer ca. 350 € mtl. nach Steuern und Kosten aufwenden. Wer diesen Beitrag nicht aufbringen kann, muss die Spardauer (Laufzeit/Rentenbeginn) verlängern, seine Wunschrente reduzieren oder die Renditeerwartung erhöhen.

Dadurch macht der Satz „Wieviel Sicherheit kann ich mir leisten?" Sinn. Wenn ein Sparer „nur" 150 € mtl. aufwenden kann oder will, muss er (ohne Inflationsbetrachtung) eine Rendite von mindestens 5,1 % p. a. erwirtschaften.

Beitragsvorgabe (Berechnet wird der notwendige Zins)	250 EUR mtl.	Zins: 3,31% p.a.

Abb. 9: Berechnung des Zinses bei vorgegebenem Beitrag
© Helvetia Leben Akademie

Das geht nur mit Sachwerten (Aktienfonds).

Der Vorteil dieses Tools liegt darin, dass der Nutzer nach Kosten und Steuern eine schnelle Abschätzung des notwendigen Beitrages oder auch der notwendigen Rendite erhält.

5 Niedrigzinsphase

Die nächste Frage, die wir uns alle stellen müssen, ist, wie lange diese Niedrigzinsphase noch dauern wird. Warum kann es eigentlich langfristig keine sichere oder garantierte Rendite von z. B. 2 % p. a. in der jetzigen Marktphase geben?

Die 10-jährige Bundesanleihe lag im November 2019 bei -0,33 % p. a. Dies bedeutet: Wenn ich dem deutschen Staat 10 Jahre Geld, z. B. 1.000 €, leihe, bekomme ich nach 10 Jahren ganze 967 € zurück. Der Sparer verliert bei seiner Anlage demnach Geld!

Wenn zusätzlich noch die Inflation berücksichtigt wird, dann sieht die Lage noch ernster aus. Wir können mit einer durchschnittlichen Inflation von ca. 2 % p. a. rechnen. Seit 2010 ist die Inflation höher als der Sparzins/Tagesgeldzins. Somit haben wir eine faktische Geldvernichtung. Die EZB ist angehalten, für eine Inflation von 2 % p. a. zu sorgen (Näheres hierzu in Kapitel 10 zur Inflation).

Durch seine Geldanlage hat der Sparer 33 € Vermögen und zusätzlich ca. 220 € an Kaufkraft verloren. Ein schlechtes Geschäft!

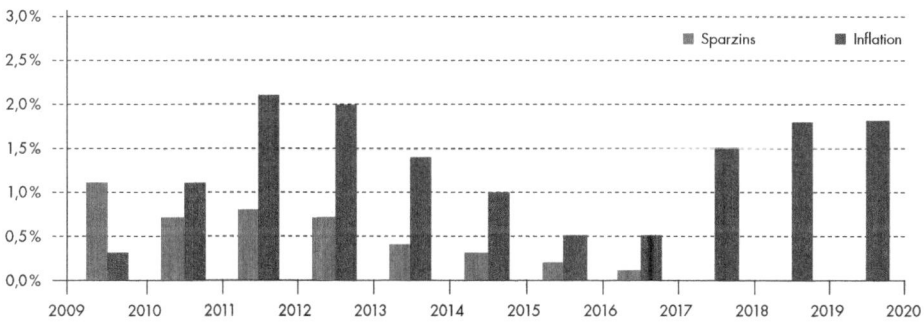

Abb. 10: Zins versus Inflation
© Helvetia Leben Akademie

Daher ist keine richtige Antwort auf diese Fragen zu finden. Im September 2019 wurde – obwohl wir schon so lange eine Niedrigzinsphase haben – der Einlagenzins für Banken auf -0,5 % p. a. (von -0,4 %) gesenkt. Die These „Wir haben schon so lange niedrige Zinsen, es muss doch einmal wieder hochgehen" greift hier nicht. Der Zins sinkt sogar noch einmal ein Stückchen ab.

Niemand kann sagen, ob und wann der Zins wieder in die Höhe gehen wird. Sicherlich wird die EZB ihren Anteil daran haben. Wenn diese aber zurzeit genau die gegenteiligen Signale sendet, ist mit ziemlich großer Wahrscheinlichkeit nach, noch 5 Jahre nicht mit einem nennenswerten Zinsanstieg zu rechnen. Da in der Vergangenheit eine Zinsänderung von der EZB immer nur häppchenweise erfolgte, kann es selbst bei einer Richtungsänderung noch lange dauern, bis wieder Zinsen von

2 bis 4 % p. a. zu erreichen sind. Viele Experten erwarten noch mindestens 10 Jahre lang keine Zinsen oberhalb der Inflationsrate.

Das bedeutet, dass Sie oder Ihr Kunde bei einer Geldanlage unterhalb von 2 % Zins p. a. durch die Inflation jedes Jahr weniger Geld zur Verfügung haben. Die Kaufkraft schwindet stark.

Somit sollte jeder Investor eine Anlage oberhalb von 2 % p. a. suchen. Doch gibt es in der jetzigen Marktphase einen sicheren und garantierten Zins von z. B. 1 bis 2 % p. a.?

Im Prinzip ist die Antwort leicht: Nein, das kann es nicht geben! Auch die Begründung ist einfach. Der Markt ist durch die Technisierung sehr transparent geworden. Es gibt sog. Margenhändler, die nichts anderes machen, als Marktverwerfungen mit enormen Geldmitteln auszugleichen. Auch wenn einer dieser Händler eine Marge von lediglich 1 Cent sieht, wird er eine große Summe investieren, um dadurch auch mit einer kleinen Gewinnspanne ein Auskommen zu haben. Durch diese Transaktionen gleicht sich der Markt umgehend wieder an.

Aus diesem Grund kann es zurzeit keine sichere und garantierte Anlage mit einem Zins von mehr als 0,8 % p. a. geben.

Wenn der Hypothekenzins auf 10 Jahre bei bester Bonität bei 0,75 % p. a. liegt, kann eine sichere und garantierte Verzinsung nicht darüber liegen. Der Anbieter dieser Anlage würde mit Verträgen überschüttet werden. Auch Privatkunden könnten Darlehen für 0,75 % p. a. aufnehmen und ihr Geld für 0,8 % p. a. anlegen. Zwar ist die Zinsdifferenz von 0,05 % p. a. nicht besonders hoch, aber bei einer großen Summe ist sie ertragreich.

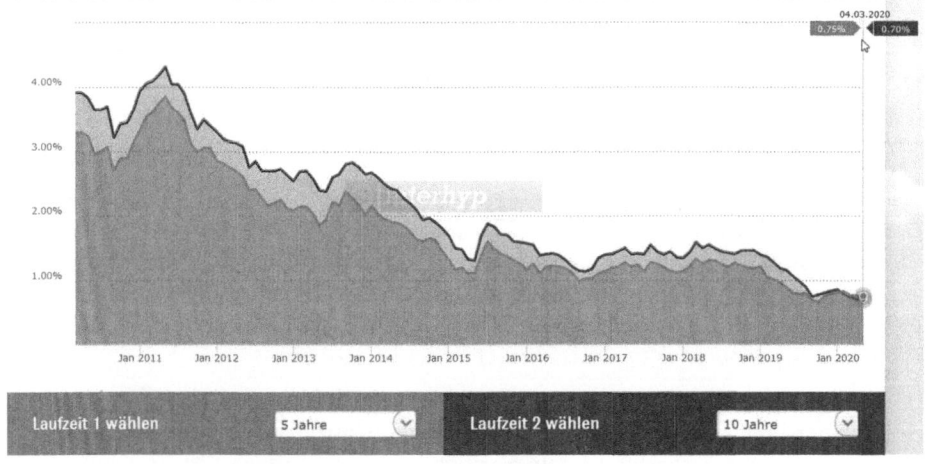

Abb. 11: Darlehenszins-Entwicklung
    Quelle: https://www.interhyp.de/zins-charts/

Eines ist außerdem noch zu bedenken: Banken haben zurzeit großes Interesse daran, Geld zu einem positiven Zins anzulegen. Bei der EZB müssen sie -0,5 % p. a. zahlen. Ein Zins von 0 % p. a. ist somit schon interessant.

Tipp: Wenn eine Anlage in der Niedrigzinsphase für über 1 % p. a. angeboten wird, muss diese ein Risiko enthalten.

Fazit:

Wir werden noch mindestens 5 bis 10 Jahre lang eine Niedrigzinsphase haben. Anlagen mit einer Verzinsung unterhalb von 2 % p. a. verlieren an Kaufkraft. Anlagen mit einer Verzinsung oberhalb von 1 % p. a. enthalten ein Risiko.

6 Die häufigsten Beratungsfehler

Die vorherigen Kapitel haben gezeigt, dass Berater und Kunden vor echten Problemen stehen, da das Anlageziel und für sicherheitsbewusste Kunden die Risikotoleranz nicht gleichzeitig beachtet werden können. Selbst Investoren, die kein Anlageziel haben, können mit einer sicheren Anlage die Kaufkraft ihres Geldes nicht erhalten, da die Inflation höher als der Zins ist – und dies schon seit 10 Jahren.

Bevor wir aber zu einer Lösung der Probleme kommen, soll hier auf die wesentlichen Beratungsfehler hingewiesen werden. Viele Berater machen sie unbewusst, da sie nichts Anderes gelernt haben. Aber auch Sparer denken oft nicht an die wesentlichen Themen, da die Öffentlichkeit, z. B. die sog. Verbraucherschützer, auf andere Aspekte – meist unwesentlichere – verweisen oder Diskussionen darüber anstoßen.

6.1 Steuerfreie Altersversorgung

Seit dem Jahr 2005 werden Kapitalversicherungen (Renten- und Lebensversicherungen) im Ablauf/in der Auszahlung versteuert. Dies ist ein Umbruch, da die Ablaufleistungen von Policen mit einem Abschluss vor 2005 steuerfrei sind und waren. Das bedeutet, dass seit dem Jahr 2005 die Altersversorgung besteuert wird.

Eine weitere Steueränderung wurde 2009 eingeführt. Bei Fonds, die nach 2009 gekauft wurden, wird der Spekulationsgewinn/Kursgewinn versteuert. Vor 2009 waren diese Gewinne nach einem Jahr Haltefrist steuerfrei.

Diese Steueränderung hat bewirkt, dass jedes ernstzunehmende Produkt für die Altersversorgung steuerpflichtig geworden ist.

Zwar sind Kapitalversicherungen, die vor 2005 abgeschlossen wurden, nach wie vor steuerfrei, aber alle neuen Versicherungen werden besteuert.

Wenn wir über eine Altersversorgung oder Ruhestandsplanung nachdenken, muss der Aspekt „Steuer" mit betrachtet werden.

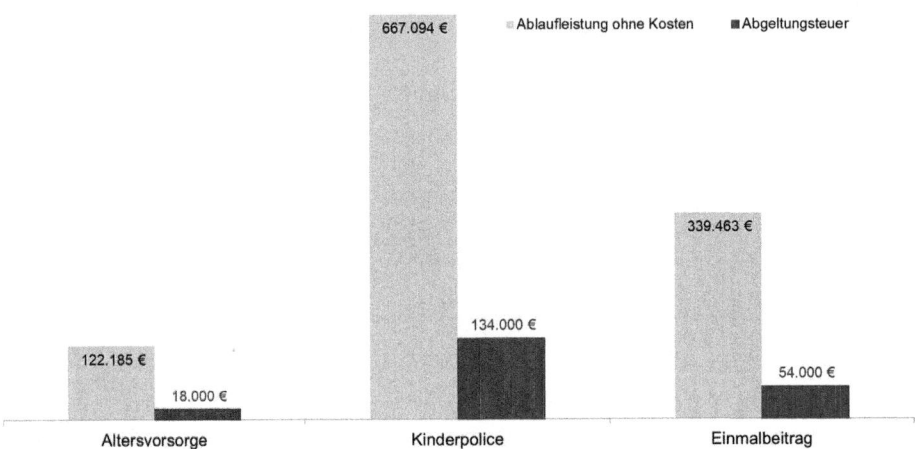

Abb. 12: Steuerübersicht bei Geldanlagen
© Helvetia Leben Akademie

Annahmen:

6 % Wertentwicklung, 30.000 € Einkommen, verheiratet, Werte gerundet

Altersvorsorge: 100 € mtl., 40 Jahre Laufzeit
Kinderpolice: 100 € mtl., 60 Jahre Laufzeit
Einmalbeitrag: 100.000 €, 20 Jahre Laufzeit

Bei der Besteuerung der Altersversorgung reden wir über enorme Summen. In diesen Beispielen geht es um Steuerbeträge von ca. 40.000 € bis 160.000 €. Diese Steuer sollte jeder, der es noch kann, vermeiden. Im Folgenden erfahren Sie, wie das möglich ist.

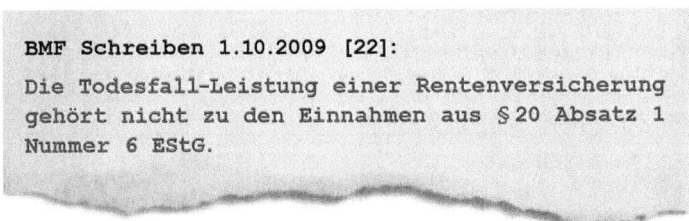

Abb. 13: BMF Schreiben Oktober 2009
© Helvetia Leben Akademie

Die Basis hierzu liefert das BMF-Schreiben 10/2009. Eine Todesfallleistung ist einkommensteuerfrei!

Jeder Berater oder Investor sollte sich fragen, wie dieser Hinweis für die eigene Altersversorgung oder die eigene Geldanlage nutzbar gemacht werden kann. Im Prinzip ist es einfach.

Menschen werden in der heutigen Zeit durchschnittlich ca. 85 bis 90 Jahre alt. Wer dies beachtet, muss lediglich eine Person im Bekannten- oder Verwandtenkreis finden, die ungefähr dieses Alter erreicht hat, wenn das Geld für den eigenen Ruhestand (im Alter von ca. 67 Jahren) benötigt wird.

Wenn die Einkommensteuer für die Erben gespart werden soll, dann sollte man sich selbst als versicherte Person eintragen. Denn im eigenen Todesfall müssen die Erben evtl. Erbschaftsteuer zahlen, aber die Todesfallleistung einer Versicherung ist einkommensteuerfrei. Für den eigenen Ruhestand (im Alter 65 bis 67 Jahren) ist dies schon etwas komplizierter. Wenn ich meinen Erben die Einkommensteuer sparen möchte setze ich mich als Versicherte Person ein und unterschreibe auch selber. Wenn meine Altersversorgung steuerfrei sein soll, muss eine andere Person als Versicherte Person eingetragen werden.

Mit einer Fonds-Direktanlage oder einer anderen Direktanlage (Sparbuch etc.) können Sie keine Steuern sparen. Bei einer Fondspolice ginge das schon!

Wesentlich ist, dass der Versicherungsnehmer nicht gleich der versicherten Person ist oder sein muss!

Ein normaler Altersversorgungsvertrag wird, wie in der Grafik aufgezeigt, vereinbart.

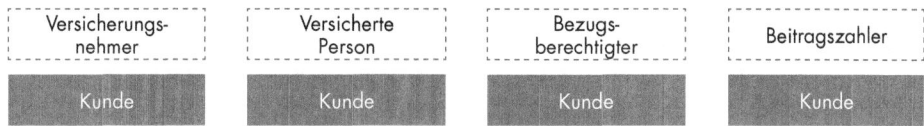

Abb. 14: „Normale Vetragsgestaltung"
© Helvetia Leben Akademie

Um diesen Vertrag „steuerfrei" zu gestalten, sollte der Kunde/Investor z. B. seine Eltern oder eine andere Person, die ca. 20 bis 30 Jahre älter sind als er selbst, involvieren.

Bevor hier die spezielle Gestaltung aufgezeigt wird, soll eine Frage gestellt werden, und dabei ist zu bedenken: Sterben werden wir alle einmal!

Würden Sie – wenn Sie Kinder haben – eine Unterschrift leisten, damit die eigenen Kinder 30.000 bis 150.000 € Steuern sparen können?

Eine Umfrage der Helvetia Leben Akademie zeigt, dass 92 % aller Eltern die eigenen Kinder mit einer Unterschrift unterstützen würden. Sie haben dadurch keinen Nachteil. Und wenn dies bei Ihnen auch so ist, sollten Sie über folgende Vertragsgestaltung nachdenken:

Versicherungs-nehmer	Versicherte Person	Bezugs-berechtigter	Beitragszahler
Kunde	z. B. Elternteil	Kunde	Kunde

Vater verstirbt mit	Alter des Kunden	Alternative Handlungen
70 Jahren	45 Jahre	Steuerfreie Todesfallleistung wird bis zum Renteneintritt wiederangelegt
90 Jahren	65 Jahre	Steuerfreie Todesfallleistung wird für die Altersvorsorge verwendet
100 Jahren	75 Jahre	Steuerpflichtige Entnahmen bis zum steuerfreien Leistungsfall

Abb. 15: Vertragsgestaltung „Steuerfreie Anlage"
© Helvetia Leben Akademie

Ein Elternteil (es kann aber auch eine andere Person sein) wird als versicherte Person eingetragen und in den Vertrag integriert. In der Regel sind Eltern etwa 20 bis 30 Jahre älter als ihre Kinder. Im Beispiel ist der Vater 25 Jahre älter. Hierbei lassen sich folgende Fälle unterscheiden:

Falls der Vater mit 70 Jahren verstirbt, wird der Vertrag fällig und die Todesfallleistung wird steuerfrei an den Bezugsberechtigten im Alter von 45 Jahren ausgezahlt. Sämtliche Erträge innerhalb der Todesfallleistung werden nicht versteuert!

Diese Leistung ist auch erbschaftsteuerfrei, da der Besitzer der Police (VN) der Empfänger der Todesfallleistung (BB) ist. Da kaum jemand mit 45 Jahren in Rente geht, sollte das Geld wieder angelegt werden.

Falls der Vater mit 90 Jahren verstirbt, erhält der Investor sein Geld komplett steuerfrei mit 65 Jahren zurück! Seine Altersversorgung ist somit steuerfrei und er hat die hohe Abgeltungsteuer oder das Halbeinkünfteverfahren gespart.

Falls der Vater mit 100 Jahren verstirbt, kann der Sparer dennoch jederzeit (dann jedoch steuerpflichtig wie bei jeder anderen Vertragsgestaltung) über eine Teilentnahme, Teilverrentung o. Ä. verfügen. Der Rest – den er nicht braucht – bleibt stehen und wird in diesem Beispiel mit 75 Jahren steuerfrei ausgezahlt. Der Vertrag wird somit nur etwas erweitert (Integration z. B. eines Elternteils als versicherte Person) und schon ist die Steuerfreiheit anwendbar.

Tipp: Das Konzept „steuerfreie Anlage" spart enorme Steuern.

Dieses Konzept der „steuerfreien Anlage" funktioniert auch bei einem abweichenden Alter. Auch wenn z. B. eine Frau 8 Jahre jünger ist als ihr Partner, ist dies möglich. Eine Frau lebt statistisch gesehen 5 Jahre länger als ein Mann. Somit beträgt der statistische Altersunterschied 13 Jahre – eine gute Möglichkeit, dieses Konzept anzuwenden (VN = BB = BZ = Frau, Mann = VP). Auch ein älterer Onkel oder eine ältere Bekannte kann als versicherte Person eingetragen werden.

Da die versicherte Person rein rechtlich mit dem Vertrag dann nicht mehr viel zu tun hat (Beitragszahlung obliegt dem Versicherungsnehmer, Empfänger des Geldes ist der Bezugsberechtigte), kann prinzipiell jede ältere Person (ca. 20 Jahre älter) eingesetzt werden.

Ehepartner mit großem Altersunterschied, Eltern/Kind oder auch Großeltern/Enkel. Wichtig ist es, diese Möglichkeit zu kennen.

Als Tarif kann jede Fondspolice (möglichst eine fondsgebundene Rentenversicherung) gewählt werden, die folgende Bedingungen erfüllt:

- keine Gesundheitsfragen
- Whole-Life-Tarif
- Todesfallleistung = mind. Vertragsguthaben

Es muss eine Fondspolice (keine Direktanlage) sein, damit die Todesfallleistung einkommensteuerfrei ist.

Da wir alle älter werden, darf der Vertrag nicht irgendwann enden. Es muss ein lebenslanger Vertrag sein, bei dem man jederzeit Entnahmen tätigen kann. Die Leistung soll als Todesfall geleistet werden, egal wie alt die mitversicherte Person wird, auch wenn diese 105 Jahre alt wird!

Der Vertrag muss als Todesfallleistung das Vertragsguthaben (und nicht nur die Beitragssumme) auszahlen. Dies ist am Markt bei fondsgebundenen Rentenversicherungen (ohne Gesundheitsprüfung!) normal. Es gibt jedoch leider immer noch einige Gesellschaften, die im Todesfall nur die Beiträge auszahlen.

Wie sieht es bei einer Direktanlage (Fonds, Sparbuch etc.) und bei einer Fondspolice aus?

Bei einer Direktanlage wird für alle Vorfälle die Abgeltungsteuer erhoben. Dies bedeutet, wenn Sie z. B. einen Fonds verkaufen oder gegen einen anderen tauschen, wird die Abgeltungsteuer fällig. Wenn der Besitzer verstirbt, müssen die Erben Erbschaftsteuer bezahlen (falls der Betrag größer als der Freibetrag ist). Wenn die Erben die Anlage verkaufen, müssen alle Erträge – auch die zu Lebzeiten des Erblassers – mit der Abgeltungsteuer versteuert werden (Stand 2020).

Anders sieht es dagegen bei einer Fondspolice aus. Hier können Sie meist kostenfrei und vor allem steuerfrei die Fonds wechseln. Bei Ablauf wird bei einer Laufzeit von 12 Jahren und einem Alter von mind. 62 Jahren die Hälfte der Erträge mit dem individuellen Steuersatz versteuert. Im Todesfall wird die Todesfallleistung direkt an den Bezugsberechtigten gezahlt. Dieser muss evtl. Erbschaftsteuer bezahlen (Freibeträge?), Einkommensteuer/Abgeltungsteuer fällt jedoch nicht an. Die Erträge zu Lebzeiten des Erblassers sind somit komplett steuerfrei!

Dies ist der Ansatz für vermögende Investoren, die ihren Erben die Steuer ersparen wollen.

Zu Lebzeiten kann per Rente oder Teilentnahme über das Geld verfügt werden. Der Rest des Vermögens bleibt im Vertrag stehen. Da die Police ein Whole-Life-Tarif sein sollte, ist auch irrelevant, wie alt der Investor wird. Der Erbe erhält auf jeden Fall eine abgeltungsteuerfreie Todesfallleistung.

Sind diese Summen und ersparte Beträge nicht Argumente, über eine Vertragsgestaltungsoptimierung nachzudenken?

Zur Verdeutlichung soll hier ein Beispiel aufgeführt werden:

Beispiel:

Einkommen 38.000 €, Single, 100 € mtl., 6 % p. a. Wertenwicklung, 3 Wechsel, 35 Jahre

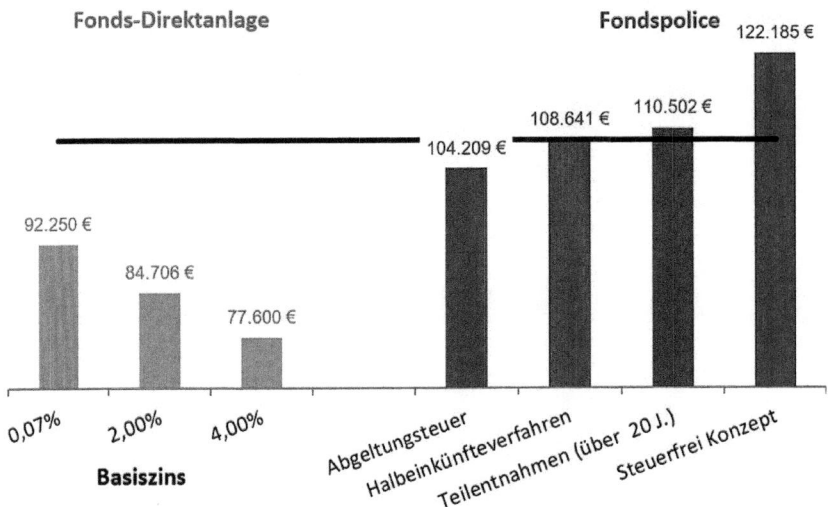

Abb. 16: Kapitalberechnung mit dem Tool „FLV versus Fonds"
© Helvetia Leben Akademie

Zwischen der Fonds-Direktanlage und dem Steuerfrei-Konzept liegen nach Kosten und Steuer ca. 25.000 €! Sie entscheiden demnach, ob Sie 25.000 € mehr oder weniger zur Verfügung haben!

Tipp: Berechnen Sie Ihre Situation einfach selbst. Nutzen Sie hierzu das Excel-Tool „FLV versus Fonds". Das Tool kann nur mit der Software Microsoft Excel betrieben werden.

Falls die Entnahme vor dem Todesfall stattfindet, hat eine Fondspolice einen weiteren Vorteil gegenüber einer Fonds-Direktanlage. Wenn der Vertrag 12 Jahre gelaufen und der Empfänger des Geldes (Bezugsberechtigter) 62 Jahre (Stand 2020) alt ist, wird das sog. Halbeinkünfteverfahren angewendet. Dies bedeutet, statt pauschal alle Erträge mit 25 % (+ Solidaritätszuschlag und Kirchensteuer) zu versteuern, wird dann nur die Hälfte aller Erträge für die Besteuerung mit dem individuellen Steuersatz herangezogen. Das obige Tool berücksichtigt dies und weist das Halbeinkünfteverfahren aus.

Durch die etwas niedrigere Steuer erhält der Sparer ca. 108.000 € statt 104.000 € aus der Fondspolice oder statt 96.000 € aus der Fondsdirektanlage.

Deutlich ist der Vorteil einer Fondspolice (nach Kosten und Steuer) gegenüber einer Fonds-Direktanlage zu erkennen.

Fazit:

Daher sollte jeder Berater und Kunde die Möglichkeiten einer steuerfreien Ruhestandsplanung kennen und nutzen. Der Sparer spart bis zu 28 % Steuern (25 % Abgeltungssteuer + Soli. + Kirchensteuer).

6.2 Laufzeittarife oder Whole-Life-Tarif

Ein weiterer großer Beratungsfehler, den Berater leider nach wie vor machen, liegt darin, in Kapitalversicherungen feste Laufzeiten zu vereinbaren. In der Schicht 1 und 2 sind sie gesetzlich vorgeschrieben. In Schicht 3 – in der flexiblen Schicht – sind flexible Laufzeiten aber jederzeit möglich.

Um den Fehler zu erkennen, muss sich jeder Investor fragen:

Wann gehen Sie in Rente?

Welches Kapital wird zu diesem Zeitpunkt benötigt?

Wie sieht die Steuersituation zu diesem Zeitpunkt aus?

Wie sieht der Marktzins aus?

Schon die erste Frage ist nur zu beantworten, wenn der Versicherte ganz kurz vor dem Rentenbeginn steht. Gesetzlich ist im Augenblick das Alter 67 Jahre vorgeschrieben. Wir wissen aber alle, dass die gesetzliche Rente in Zukunft so nicht mehr existieren wird. Es wird massive Änderungen geben müssen (siehe S. 55 ff.).

Viele Experten sprechen schon von einem Renteneintritt mit 70 oder sogar mit 75 Jahren. Wenn alle Verträge auf 67 Jahre ausgestellt sind, ist das ein großes Fiasko.

Dies ist aber nur der eine Aspekt. Zusätzlich kann kein Investor vorhersehen, wie hoch eine Entnahme zu einem bestimmten Zeitpunkt sein wird, da der jeweilige Bedarf vorher nicht bekannt ist. Die Steuer ist gar nicht abschätzbar, da sie vom Staat fremdbestimmt ist.

Deutlich wird eines: Für die Zukunft sind die meisten Variablen – der Zeitpunkt, die Entnahmehöhe oder die Besteuerung – unbekannt. Warum legen die meisten Berater dennoch einen fixen Zeitpunkt für eine Komplettentnahme fest?

Früher gab es lediglich Laufzeittarife, dies bedeutet, es wurde ein fixer Zeitpunkt für die Entnahme bestimmt. Damals war diese Vorgehensweise zeitgemäß, da alle

Verträge vor dem Jahr 2005, die gewisse Bedingungen erfüllten (5 Jahre Beitrags-zahlung, 12 Jahre Laufzeit, 60 % Todesfallleistung), steuerfrei waren. Die Auszah-lung wurde getätigt, die Summe, die benötigt wurde, entnommen und der Rest wie-der angelegt.

Inzwischen ist aber jede Auszahlung zu versteuern. Das bedeutet, dass im optimalen Fall (12 Jahre Laufzeit, Empfänger des Geldes ist mind. 62 Jahre alt) nur die Hälfte der Erträge mit dem individuellen Steuersatz versteuert wird. Wenn ein Sparvertrag mit 100 € mtl. über 40 Jahre lief, könnte z. B. bei 7 % p. a. Rendite eine Summe von ca. 248.000 € ausgezahlt werden. Da die Beitragssumme sich auf 48.000 € beläuft, liegt der Ertrag bei ca. 200.000 €.

Der Sparer muss die Hälfte (100.000 €) zzgl. sonstiger Einkommen in diesem Jahr versteuern. Somit hat er den höchsten Einkommensteuersatz von ca. 45 % zzgl. Soli und Kirchensteuer. Diese Steuer könnte reduziert werden, indem nicht die komplette Summe in diesem Jahr ausgezahlt wird, sondern nur so viel, wie der Investor braucht. Der Rest würde stehenbleiben und weiter verzinst werden. Anschaulich ist dies auf einer Grafik der Helvetia Leben Akademie dargestellt:

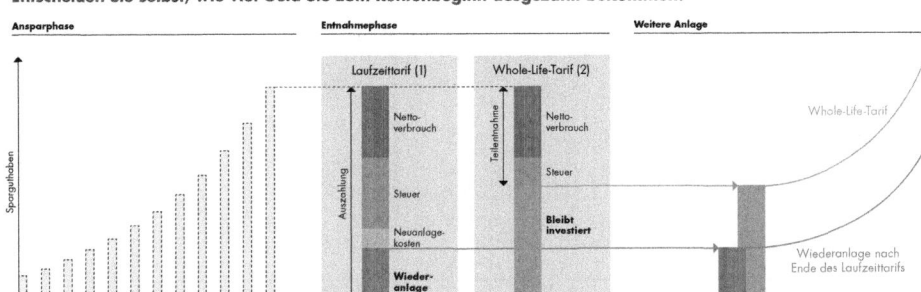

Abb. 17: Übersicht „Whole-Life-Tarif" versus Laufzeittarif
© Helvetia Leben Akademie

Dabei macht es einen sehr großen Unterschied, ob ein Tarif mit fixem Auszahlungs-zeitpunkt (Laufzeittarif) gewählt wurde oder eine komplett flexible Lösung, die so lange läuft, wie das Geld investiert bleiben soll.

Die Entnahmephase zeigt schematisch, dass bei einem Laufzeittarif hohe Steuern anfallen und für das Geld, das nicht benötigt wird, Neuanlagekosten. Bei einer fle-xiblen Lösung (Whole-Life-Tarif, lebenslanger Tarif) wird nur die Entnahme ver-steuert und die Neuanlagekosten entfallen: ein doppelter Vorteil des Whole-Life-Tarifs.

> **Fazit:**
>
> Ein Whole-Life-Tarif (flexible Lösung) passt sich den Wünschen des Sparers an. Bei einem Laufzeittarif muss sich der Sparer nach dem vorgegebenen Auszahlungszeitpunkt richten – der Sparer passt sich dem Tarif an. Viele Sparer nutzen eine ungünstigere Tarifgestaltung als beim Whole-Life-Tarif.

Es gibt jedoch noch weitere Vorteile – neben der Steuer und der Flexibilität –, die für eine lebenslange Laufzeit sprechen.

Wir werden immer älter. Ein heute geborenes Mädchen hat statistisch gesehen eine 33 % hohe Wahrscheinlichkeit, das Alter von 100 Jahren zu erleben. Aber egal, wie alt der Einzelne wird, er muss immer leben, d. h. die Kosten für Kleidung, Nahrung und Wohnung müssen gedeckt sein. Da niemand weiß, wie alt er wird, sollte jedoch die sog. Langlebigkeit abgesichert werden. Dies funktioniert in der Regel nur durch eine Rentenversicherung. Im Gegensatz zu einem Laufzeittarif muss nicht zu einem festen Zeitpunkt alles verrentet werden, sondern es wird immer dann eine Teilverrentung angestoßen, wenn sie benötigt wird. Da die Rente nach dem Ertragsanteil versteuert wird, macht dies einen großen Unterschied. Der Ertragsanteil richtet sich nach dem Rentenbeginn. Wenn ein Teil der Rente erst später beginnt, ist die Steuer niedriger.

Dies soll an einem Beispiel verdeutlicht werden:

	Laufzeittarif	Whole-Life-Tarif
Rente	1.000 € mit 65 Jahren	500 € mit 65 Jahren 500 € mit 75 Jahren
Ertragsanteil	18 %	18 % (65 Jahre) 11 % (75 Jahre)
Zu versteuern	180 €	145 €
Steuerbetrag (30 % Steuersatz)	54 €	43,5 €
Differenz	19 % weniger	

Lebenslange Verrentung (3. Schicht), § 22 EStG

Bei Beginn der Rente vollendetes Lebensjahr des Rentenberechtigten	Ertrags-anteil in %	Bei Beginn der Rente vollendetes Lebensjahr des Rentenberechtigten	Ertrags-anteil in %
0–1	59	51–52	29
2–3	58	53	28
4–5	57	54	27
6–8	56	55–56	26
9–10	55	57	25
11–12	54	58	24
13–14	53	59	23
15–16	52	60–61	22
17–18	51	62	21
19–20	50	63	20
21–22	49	64	19
23–24	48	65–66	18
25–26	47	67	17
27	46	68	16
28–29	45	69–70	15
30–31	44	71	14
32	43	72–73	13
33–34	42	74	12
35	41	75	11
36–37	40	76–77	10
38	39	78–79	9
39–40	38	80	8
41	37	81–82	7
42	36	83–84	6
43–44	35	85–87	5
45	34	88–91	4
46–47	33	92–93	3
48	32	94–96	2
49	31	Ab 97	1
50	30		

Abb. 18: Ertragsanteil für lebenslange Renten
© Helvetia Leben Akademie, Vertrieb-Kompendium, Stand 2020, S. 41

Durch mehrere Teilverrentungen kann somit viel Geld (ca. 20 %) gespart werden.

Zudem gibt es die Möglichkeit, mit einer Rentenversicherung Pflichtteile zu umgehen. Eltern, Ehegatten und Abkömmlinge haben im Erbfall den sog. Pflichtteilanspruch, auch wenn sie per Testament enterbt wurden.

Wenn ein zukünftiger Erblasser ein Testament macht, kann er kein Kind – auch wenn es auf die schiefe Bahn geraten ist – enterben. Nur wenn dieses Kind ihm nach Leib und Leben getrachtet hat, könnte der Pflichtteil auf null gekürzt werden.

Pflichtteilsanspruchsberechtigte

§ 2303 BGB

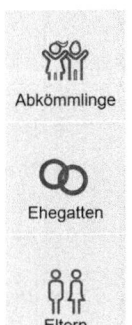

Abkömmlinge

Ehegatten

Eltern

Ist ein Abkömmling [Ehegatte, Eltern] des Erblassers durch Verfügung von Todes wegen von der Erbfolge ausgeschlossen, so kann er von dem Erben den Pflichtteil verlangen.

- **Reiner Geldanspruch**

- **Hälfte des gesetzlichen Erbteils**

Eine Pflichtteilsberechtigung entsteht nur, wenn die gesetzliche Erbfolge aufgrund eines Testaments oder Erbvertrags ausgeschlossen worden ist.

Der Pflichtteil muss eingeklagt werden.

Stand 2020

Abb. 19: Pflichtteil
© Helvetia Leben Akademie

Mit einer entsprechenden Vertragsgestaltung kann dies dennoch umgesetzt werden. Wenn das ganze Vermögen in eine Rentenversicherung investiert und das Bezugsrecht so gestaltet wird, dass nur die „lieben" Erben eingetragen sind, fließt die ganze Todesfallleistung am Nachlass vorbei an diese Personen. Wenn nun noch zusätzlich 10 Jahre seit Vertragsbeginn und Eintragung des Bezugsrechts vergangen sind, entfällt auch der Pflichtteilergänzungsanspruch. Somit kann das Erbe durch die Rentenversicherung genau so gesteuert werden, wie der Erblasser es wünscht. Auf Eltern, Abkömmlinge und Ehegatte (Pflichtteilsberechtigte) muss er dabei keine Rücksicht mehr nehmen.

Ein Nebeneffekt eines Whole-Life-Tarifes ist die generelle Besteuerung. Zurzeit ist noch das sog. Halbeinkünfteverfahren vorgesehen. Das bedeutet, dass bei Auszahlung im Erlebensfalle nur die Hälfte der Erträge mit dem individuellen Steuersatz versteuert wird. Hierzu muss der Bezugsberechtigte lediglich 62 Jahre (Stand 2020) sein und der Vertrag schon mindestens 12 Jahre gelaufen sein. Bei Steueränderungen war es bisher in der Versicherungswirtschaft so geregelt, dass für die Besteuerung der Altverträge der Bestandsschutz galt (2005 behielten die Altverträge noch die Steuerfreiheit). Falls in Zukunft die günstige Besteuerung des Halbeinkünfteverfahrens abgeschafft werden sollte, ist zu vermuten, dass Altverträge die bessere Besteuerung behalten.

> **Fazit:**
>
> Obwohl ein Whole-Life-Tarif (lebenslanger Tarif) in der dritten Schicht nur Vorteile besitzt, beraten viele Berater immer noch aus Tradition oder Unwissen die alten Laufzeittarife.

6.3 Fonds oder Fondspolice

Ein Investor hat generell mehrere Möglichkeiten, zu sparen oder Geld anzulegen. In einer Niedrigzinsphase macht es vor allem Sinn, in Sachwerte zu investieren, da nur hier eine Chance besteht, eine Rendite oberhalb der Inflation zu erwirtschaften. Wenn der Entschluss gefasst wurde, auf Aktienfonds zu setzen, ist noch die Entscheidung zu fällen, in welcher Form und Art investiert werden soll.

Es gibt die Möglichkeit, direkt auf Aktienfonds zu setzen oder eine kapitalbildende Fondspolice zu nutzen. Die Kosten und die Steuersituation sind dabei jedoch vollkommen unterschiedlich. Daher muss die Entscheidung immer individuell auf die jeweilige Situation bezogen getroffen werden.

Seit 2018 ist die Entscheidung, welche Anlageart im individuellen Fall ertragreicher ist, noch komplizierter geworden. Nicht nur die Kostensituation, sondern vor allem die steuerlichen Begebenheiten sind bei der Fonds-Direktanlage komplizierter geworden.

6.3.1 Steuer bei Investmentfonds

2018 ist die Besteuerung völlig neu geordnet worden. Um inländische und ausländische Fonds gleich zu behandeln, wird seit 2018 auf der Fondsebene eine Steuer i. H. v. 15 % auf Dividenden und Immobilienerträge erhoben. Hiervon bekommt der Investor in der Regel nichts mit – das läuft komplett auf der Fondsebene. Wenn jedoch ein Teil der Erträge schon auf der Fondsebene besteuert wird, muss im Gegenzug etwas weniger beim Verkauf der Fondsanteile zu versteuern sein, sonst läge eine Doppelbesteuerung vor.

Daher gibt es die sog. Teilfreistellung. Beim Verkauf ist immer der komplette Ertrag (Verkaufserlös minus Kaufpreis) zu versteuern. Die Teilfreistellung reduziert diesen Ertrag um einen bestimmten Prozentsatz.

Teilfreistellung		
Fondsart	Bedingung	Teilfreistellung
Aktienfonds	≥ 50 % Aktien	30 %
Mischfonds	≥ 25 % Aktien	15 %
Rentenfonds	Keine Bedingung	0 %

Diese Teilfreistellungen sind wie folgt zu berechnen (beispielhaft):

Beitrag: 100.000 €, Verkaufserlös: 150.000 € → Ertrag = 50.000 €

Da von diesem Ertrag die Teilfreistellungen abzuziehen sind, muss der Anleger bei Aktienfonds wie folgt rechnen:

50.000 € minus 30 % Teilfreistellung (15.000 €) = 35.000 € sind zu versteuern

Da die Fonds-Direktanlage mit der Abgeltungsteuer (25 % + Solidaritätszuschlag + Kirchensteuer) besteuert wird, ist die Steuer unabhängig von dem Progressionssatz in der Einkommensteuer.

Im Jahr 2018 wurde noch etwas Anderes geändert. Um thesaurierende (wieder anlegende) Fonds und ausschüttende Fonds steuerlich gleich zu behandeln und weiterhin jedes Jahr eine gewisse Besteuerung zu erhalten, wurde die sog. Vorabpauschale eingeführt.

Ihre Basis ist ein fiktiver Zins, der sog. Basiszins. Dabei wird angenommen, dass jeder Fonds mindestens diesen Zins erwirtschaftet und dieser wird damit jedes Jahr besteuert. Um den Basiszins den Marktgegebenheiten jedes Jahr anzupassen, wird er vom Bundesministerium für Finanzen (BaFin) festgelegt und veröffentlicht. Somit ist für jeden Fonds (egal ob Aktien- oder Rentenfonds) die Steuer auf den Basiszins zu entrichten. Falls der Fonds eine negative Wertentwicklung hat, entfällt die Steuer. Diese Steuer mittels Basiszins heißt Vorabpauschale und sie wird jedes Jahr im Januar für das vergangene Jahr fällig. Um auch hier eine Doppelbesteuerung zu vermeiden, wird die Vorabpauschale der ganzen Anlagejahre kumuliert und im Anschluss beim Verkauf der Fondsanteile vom Erlös abgezogen.

Die Vorabpauschale fällt jährlich an und wird vom Verrechnungskonto bezahlt. Wenn dieses nicht gedeckt ist, wird bis zum Dispokredit belastet, bevor Anteile zum Begleichen des Betrags verkauft werden müssen. Daher sollte jeder Investor Anfang Januar genügend Geld auf dem Verrechnungskonto bereithalten, um die Vorabpauschale zu bezahlen.

Fonds weisen jedoch noch eine zusätzliche Problematik für den Anleger auf. Da sich die Marktgegebenheiten und auch die Risikotoleranz des Investors („Je älter, desto sicherer") ändern, sollten spätestens alle 8 bis 10 Jahre die Fonds überdacht und evtl. einige ausgetauscht werden. Bei einem Verkauf wird jedoch sofort die Abgeltungsteuer fällig und somit eine Zwischenbesteuerung. Dieses Geld fehlt dann für eine gute Wertentwicklung.

Fazit:

Bei Fonds fallen die Vorabpauschale, eine Zwischenbesteuerung bei Fondswechsel und eine Erlösbesteuerung mit der Abgeltungsteuer bei Verkauf an. Die Teilfreistellung reduziert den steuerpflichtigen Erlös, da schon auf der Fondsebene eine Steuer abgeführt wird.

6.3.2 Steuer bei Fondspolicen

Seit 2005 ist die Auszahlung einer Kapitalversicherung zu versteuern. Verträge, die vor 2005 abgeschlossen wurden, mind. 5 Jahre Beitragszahlungsdauer und eine Laufzeit von mind. 12 Jahren haben, sind nach wie vor steuerfrei. Eine Steuer fällt nicht an.

Seit 2005 wird der Gewinn (Auszahlung minus Beitrag) mit der Abgeltungsteuer (25 % + Solidaritätszuschlag + Kirchensteuer) versteuert. Einen Vorteil haben die

Verträge, die eine Mindestlaufzeit von 12 Jahre haben und bei denen der Geldempfänger mindestens 62 Jahre alt ist. Dann muss nur die Hälfte des Gewinns (Halbeinkünfteverfahren) versteuert werden – jedoch nicht mit der Abgeltungsteuer, sondern mit einem individuellen Steuersatz.

Auszahlung: 200.000 €, Beitrag 50.000 €, Steuersatz 30 %	
Ertrag	200.000 € minus 50.000 € = 150.000 €
Hälftiger Ertrag	75.000 €
Steuer (30 %)	22.500 €
Netto	177.500 €

Beispiel:

Zusätzlich ist eine Todesfallleistung einer Kapitalversicherung, d. h., wenn die versicherte Person stirbt, einkommensteuerfrei (BMF-Schreiben 10.2009, [22]).

Beispiel:

Auszahlung: 200.000 €, Beitrag 50.000 €, Steuersatz 30 %	
Ertrag	200.000 € minus 50.000 € = 150.000 €
Im Todesfall steuerpflichtig	0 €
Steuer (30 %)	0 €
Netto	200.000 €

Da aber auch die Fonds innerhalb der Fondspolice auf der Fondsebene 15 % auf Dividenden abführen, erhält die Fondspolice bei Entnahme oder Ablauf ebenfalls eine Teilfreistellung. Da diese unabhängig vom Fonds ist (Renten-, Geldmarkt- oder Aktienfonds), liegt die Teilfreistellung wie bei einem Mischfonds bei 15 %. Somit werden 15 % des Gewinns nicht versteuert.

Beispiel:

Auszahlung: 200.000 €, Beitrag 50.000 €, Steuersatz 30 %	
Ertrag	200.000 € minus 50.000 € = 150.000 €
Teilfreistellung	22.500 € (15 % * 150.000 €)
Hälftiger Ertrag	63.750 €
Steuer (30 %)	19.125 €
Netto	180.875 €

Seit 2018 ist es somit relativ schwer für Anleger, zu entscheiden, welche Art der Geldanlage (Fonds oder Fondspolice) nach Kosten und nach Steuern ertragreicher ist. Hierzu gibt es am Markt Tools, die sie dabei unterstützen.

6.3.3 Vergleich von Fonds mit einer Fondspolice

Das Excel-Tool „Fondspolice versus Fonds", dass Sie sich herunterladen können, vergleicht die Anlagearten „Fonds" und „Fondspolice" nach Steuern und Kosten. Sie können Ihre individuelle Situation eingeben und erhalten eine gute Übersicht.

Beispiel:

Auszahlung bei einer Fonds-Direktanlage (Veränderung in (%) im Vergleich zum aktuellen Basiszins)			Auszahlung bei einer Fondspolice (Veränderung in (%) im Vergleich zur Fonds-Direktanlage, aktueller Basiszins)		
mit aktuellem Basiszins (0,07%)	68.551 €		Nach Abgeltungsteuer	75.234 €	(9,75 %)
mit Basiszins (2%)	63.719 €	(-7,05 %)	Halbeinkünfteverfahren	80.887 €	(18,00 %)
mit Basiszins (4%)	59.102 €	(-13,78 %)	Teilentnahmen (über 20 J.)	81.352 €	(18,67 %)
			Mit Steuerfrei Konzept	86.571 €	(26,29 %)

Bei den Berechnungen wurden 3 Wechsel berücksichtigt!

Einkommen: 30.000 € p. a., Laufzeit 30 Jahre, Beitrag 100 € mtl., 3 Wechsel, verheiratet, 6 % p. a. Wertentwicklung, Ausgabeaufschlag: 5 % bei Aktienfonds, Fonds-Depotkosten 20 € p. a. + 0,3 %

Abb. 20: Fondspolice versus Fonds bei 3 Wechsel und Sparvertrag
© Helvetia Leben Akademie

Deutlich ist zu erkennen, dass in diesem Beispiel die Fondspolice – egal wie die Besteuerung aussieht – eine bessere Leistung als eine Fonds-Direktanlage verspricht.

Falls Sie über 30 Jahre keinen Fondswechsel durchführen, verändert sich die Übersicht, weil dadurch die Fondsanlage günstiger wird.

Auszahlung bei einer Fonds-Direktanlage (Veränderung in (%) im Vergleich zum aktuellen Basiszins)			Auszahlung bei einer Fondspolice (Veränderung in (%) im Vergleich zur Fonds-Direktanlage, aktueller Basiszins)		
mit aktuellem Basiszins (0,07%)	78.652 €		Nach Abgeltungsteuer	75.234 €	(-4,35 %)
mit Basiszins (2%)	76.166 €	(-3,16 %)	Halbeinkünfteverfahren	80.887 €	(2,84 %)
mit Basiszins (4%)	73.713 €	(-6,28 %)	Teilentnahmen (über 20 J.)	81.352 €	(3,43 %)
			Mit Steuerfrei Konzept	86.571 €	(10,07 %)

Bei den Berechnungen wurden 0 Wechsel berücksichtigt!

Abb. 21: Fondspolice versus Fonds bei 0 Wechsel und Sparvertrag
© Helvetia Leben Akademie

Da eine Fondspolice meist keine Fondswechselkosten kennt, beeinflussen Wechsel vor allem die Fonds-Direktanlage. Die Leistung von Fonds steigen rein rechnerisch, wenn keine Wechsel angenommen werden. Bitte beachten Sie: Das ist rein rechnerisch! Oft sind Fondswechsel zu empfehlen, da der Markt sich verändert, ein Fonds evtl. nicht mehr ordentlich performed oder die Risikobereitschaft des Anlegers sinkt. Bei einer Fondsschließung oder Fusion finden automatisch ein Wechsel statt.

Daher kommen Fondswechsel in der Regel etwa alle 10 Jahre vor. Wenn jedoch kein Fondswechsel stattfindet, zeigt die obige Grafik, dass eine Fondspolice bei der Abgeltungsteuer einen schlechteren Ausgang haben kann. Bei der hälftigen Besteuerung überholt die Fondspolice die Fonds-Direktanlage.

Bei einer Einmalanlage ist in der Regel die Fondspolice ertragreicher.

Auszahlung bei einer Fonds-Direktanlage (Veränderung in (%) im Vergleich zum aktuellen Basiszins)			Auszahlung bei einer Fondspolice (Veränderung in (%) im Vergleich zur Fonds-Direktanlage, aktueller Basiszins)		
mit aktuellem Basiszins (0,07%)	83.637 €		Nach Abgeltungsteuer	106.074 €	(26,83%)
mit Basiszins (2%)	79.009 €	(-5,53%)	Halbeinkünfteverfahren	117.194 €	(40,12%)
mit Basiszins (4%)	74.519 €	(-10,90%)	Teilentnahmen (über 20 J.)	119.433 €	(42,80%)
			Mit Steuerfrei Konzept	130.947 €	(56,57%)

Bei den Berechnungen wurden 0 Wechsel berücksichtigt!

Einmalanlage von 20.000 € statt einem Beitrag von 100 € mtl.

Abb. 22: Fondspolice versus Fonds bei 0 Wechsel und Einmalanlage
© Helvetia Leben Akademie

Fazit:

Eine Fondspolice ist nach Kosten und Steuern oft die bessere Entscheidung. Dennoch hat die Fondspolice den Ruf, teuer zu sein.

Über das Konzept „Steuerfreie Anlage" kann der Sparer sogar die komplette Steuer sparen. Basis ist das BMF-Schreiben vom Oktober 2009 [22]. Dort wird darauf hingewiesen, dass eine Todesfallleistung einer Rentenversicherung einkommensteuerfrei ist (siehe S. 28).

Tipp: Nutzen Sie die Gestaltung „Steuerfreie Anlage" – Sie sparen bares Geld!

6.4 Rente oder Auszahlplan

Wenn wir über den Ruhestand nachdenken, dann kommt neben dem Thema „Wann gehe oder kann ich in Rente gehen?" auch die Frage auf, wann und wie viel Geld ich benötige. Viele planen für den Ruhestand ab einem Alter von 65 oder 67 Jahre. Aber sind wir uns wirklich sicher, ob dies in 20 bis 40 Jahren immer noch so ist? Manche Experten sprechen jetzt schon davon, dass wir ein Renteneintritt mit 70 oder sogar 75 Jahren benötigen, um die gesetzliche Rente zu retten.

Doch wenn man tatsächlich mit 67 Jahren in Rente geht: Wie sieht die steuerliche Situation zu diesem Zeitpunkt aus? Welche Beträge benötigt man wann? Wie sieht die Zinssituation zu diesem Zeitpunkt aus?

Dies sind Fragen, die aus heutiger Sicht nur schwer zu beantworten sind. Erst die Zukunft wird es weisen.

Folglich sollte jeder sich die Flexibilität bewahren, die Art und Weise und natürlich den Zeitpunkt der Entnahme gestalten zu können. Ein Whole-Life-Tarif (siehe S. 35) kann die Lösung sein.

Gute Fondspolicen bieten für die Entnahme zahlreiche Möglichkeiten, um die Geldströme für den Kunden (steuerlich und liquiditätsmäßig) zu optimieren.

Hauptentnahmemöglichkeiten sind Teilentnahmen und Teilverrentungen. Was für ihn sinnvoller ist, kann nur der Anleger entscheiden, da wir die Situation heute noch nicht abschätzen können. Oft ist eine Kombination aus Rente und Entnahme erfolgversprechend, da die steuerrechtlichen Gegebenheiten unterschiedlich sind.

Eine Rente in der dritten Schicht wird mit dem Ertragsanteil nach § 22 EstG versteuert.

Bei Beginn der Rente vollendetes Lebensjahr des Rentenberechtigten	Ertrags-anteil in %	Bei Beginn der Rente vollendetes Lebensjahr des Rentenberechtigten	Ertrags-anteil in %
0–1	59	51–52	29
2–3	58	53	28
4–5	57	54	27
6–8	56	55–56	26
9–10	55	57	25
11–12	54	58	24
13–14	53	59	23
15–16	52	60–61	22
17–18	51	62	21
19–20	50	63	20
21–22	49	64	19
23–24	48	65–66	18
25–26	47	67	17
27	46	68	16
28–29	45	69–70	15
30–31	44	71	14
32	43	72–73	13
33–34	42	74	12
35	41	75	11
36–37	40	76–77	10
38	39	78–79	9
39–40	38	80	8
41	37	81–82	7
42	36	83–84	6
43–44	35	85–87	5
45	34	88–91	4
46–47	33	92–93	3
48	32	94–96	2
49	31	Ab 97	1
50	30		

Abb. 23: Ertragsanteil
© Helvetia Leben Akademie

Die Steuer hängt vom Alter der versicherten Person beim Rentenbeginn ab. Ist die versicherte Person 65 Jahre alt, dann ist ein Ertragsanteil von 18 % anzusetzen.

Beispiel:

Rentenbeginn mit 65 Jahren, Rentenhöhe 1.000 €

Lebenslange Rente	
Rente	1000 €
Ertragsanteil 18 %	180 €
Steuer (30 %)	54 €
Nettorente	946 €

Eine Rente hat den zusätzlichen Vorteil, dass sie lebenslang gezahlt wird – egal, wie alt der Rentenberechtigte wird. Somit ist neben dem Steuereffekt auch die Biometrie „Langlebigkeit" versichert.

Die Versteuerung einer Auszahlung sieht dagegen anders aus (siehe S. 40).

Ein großer Vorteil der Teilentnahme, oder wenn man diese automatisiert, des Auszahlplans liegt in der Anlage. Während die Anlage bei einer Rente in der Regel im sicheren Deckungsstock liegt, kann der Anleger bei einem Auszahlplan die Anlage frei wählen – so kann er z. B. auch Aktienfonds nutzen. Daher ist die Renditeerwartung bei Auszahlplänen höher als bei Renten.

Die Wertentwicklung des Deckungsstocks einer Versicherungsgesellschaft hängt stark von der Zinssituation am Markt ab. In einer Niedrigzinsphase ist die Rendite entsprechend gering und die erwartete Rente oft nicht ausreichend. Auch wenn die steuerliche Situation vorteilhaft ist, reicht in einem solchen Zinsumfeld die Rendite meist nicht aus.

Somit ist eine Kombination zu empfehlen. Evtl. könnte man die Niedrigzinsphase mit einem Auszahlplan aus Aktienfonds überbrücken und, wenn die Zinsen wieder entsprechend hoch sind, die Verrentung anstoßen.

Durch eine derartige Gestaltung erhält der Investor deutlich mehr Flexibilität – er kann jederzeit Geld entnehmen – und die Renditeerwartung kann entsprechend der Fondsauswahl höher sein.

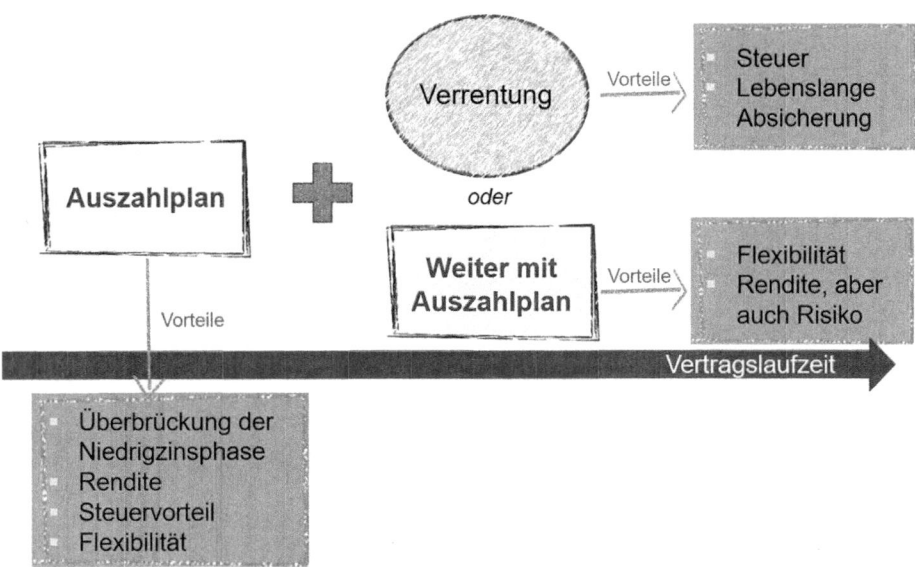

Abb. 24: Darstellung Auszahlplan kombiniert mit einer Rente
© Helvetia Leben Akademie

Die Vorteile der einzelnen Entnahmemöglichkeiten optimieren sich mit der Kombination von Auszahlplan und Rente:

	Auszahlplan	Rente
Renditeerwartung	+	–
Lebenslange Absicherung	–	+
Steueroptimierung	+	+
Flexibilität	+	–
Todesfallleistung	+	–

Abb. 25: Vor- und Nachteile eines Auszahlplans und einer lebenslangen Rente
© Helvetia Leben Akademie

Ein Auszahlplan sichert keine Laufzeit ab, dies bedeutet, dass ein Ruheständler evtl. ab einem bestimmten Zeitpunkt kein Geld mehr hat. Eine lebenslange Rente gewährleistet genau dies.

Solange man lebt, erhält man eine Rente. Dafür ist aber in der Niedrigzinsphase die Rendite sehr niedrig, es ist kaum Flexibilität gegeben und im Todesfall erhalten die Erben wenig oder sogar nichts.

Eine Kombination kann die Nachteile reduzieren und die Vorteile addieren.

PayPlan = Auszahlplan + Rente	
Renditeerwartung Fondsanlage während Auszahlplan	✚
Lebenslange Absicherung über Verrentung	✚
Steueroptimierung Halbeinkünfteverfahren, Ertragsanteil	✚
Flexibilität Höhe und Dauer der Auszahlung frei wählbar	✚

Abb. 26: Übersicht der Kombination Auszahlplan und Rente
© Helvetia Leben Akademie

Wenn jemand in den Ruhestand eintritt, ist daher meist zu empfehlen, nicht sofort eine Verrentung anzustoßen, sondern aus Renditegründen vorerst weiterhin in Fonds zu bleiben. Dadurch hat der Sparer die volle Flexibilität, wenn er mal schnell Geld braucht.

Erst wenn die Niedrigzinsphase ausgesessen und der Ruheständler nach wie vor gesund ist, lohnt es sich, über eine Verrentung des Restkapitals nachzudenken. Da das Alter der versicherten Person vermutlich dann höher sein wird, hat das zusätzlich den Effekt, dass der Ertragsanteil der Rente niedriger ist.

Tipp: Überlegen Sie sich sehr gut, wann und ob Sie verrenten möchten. Meist ist dabei eine Kombination aus Auszahlplan und Rente sinnvoll.

6.5 Finanzkrise – gut oder schlecht? Volatilität!

Vor einer Finanzkrise hat jeder Angst. Er sieht sofort sein Geld schwinden. Doch ist dieses Gefühl berechtigt?

Was halten Sie von folgender These?

„Finanzkrisen sind super für Sparverträge!"

Sie haben richtig gelesen: Finanzkrisen sind super! Finanzkrisen wie z. B. im Jahr 2000. Von 2000 bis 2003 ist der DAX® um ca. 70 % gesunken. Bei der Finanzkrise im Jahr 2008 ist der Dax® um ca. 50 % gesunken. Diese Zeiten waren optimal für Sparer!

Stellen Sie sich vor, Sie hätten eine Zeitmaschine und könnten ins Jahr Februar 2000 zurückreisen. Das komplette Wissen der zukünftigen Finanzkrisen dürfen Sie mitnehmen. Nun erhalten Sie die Möglichkeit, entweder einen Sparplan mit garantierten 2 % p. a. Verzinsung oder einen DAX®-Sparplan zu vereinbaren.

(Kurs-)Verlauf

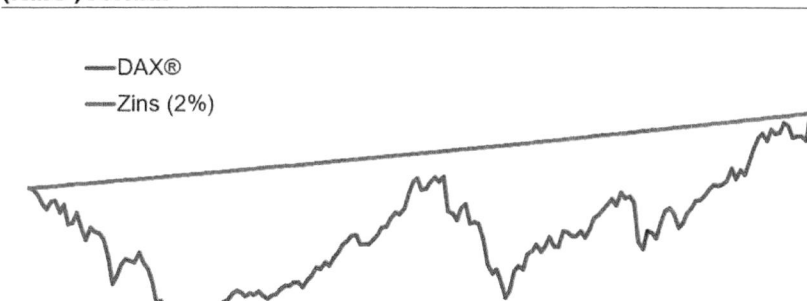

Abb. 27: Übersicht der Finanzkrisen 2000 und 2008
© Helvetia Leben Akademie

Wenn Sie einen Einmalbeitrag investieren würden, wäre nach ca. 14 Jahren (Februar 2014) ungefähr der gleiche Betrag vorhanden. Der Weg, den die Anlage zurücklegt, spielte in diesem Zeithorizont somit keine Rolle.

Bei einem Sparvertrag sieht dies anders aus. Wenn Sie den Dax®-Sparplan wählen würden – obwohl oder gerade wegen der Finanzkrisen – würde monatlich ein Betrag investiert. In fallenden Märkten kauft man somit deutlich mehr Anteile. Auch am tiefsten Punkt (Jahr 2003) wird investiert. Das ist der Cost-Average-Effekt.

Um einen Verlust i. H. v. 70 % zu kompensieren, muss die Anlage demnach ca. 240 % erwirtschaften. Für einen Sparvertrag bedeutet dies, dass ein Beitrag, am tiefsten Punkt 2003 investiert, bis 2008 ca. 240 % erwirtschaftet hätte.

Wenn man einen Sparvertrag (2 % p. a.) mit einem Dax ®-Sparplan (Beitrag = 100 € mtl.) vergleicht, erkennt man, dass gerade wegen der großen Schwankung der Aktiensparplan deutlich besser performed. Trotz oder gerade wegen der Finanzkrisen.

Guthabenverlauf eines monatlichen Sparplans

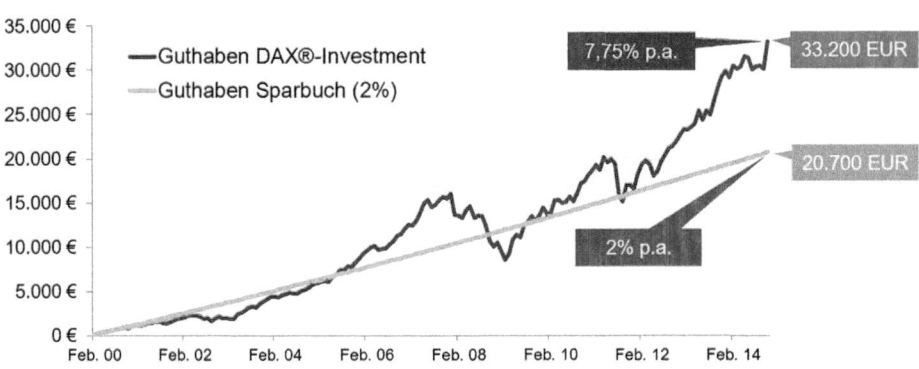

Abb. 28: Anlage Dax-Sparplan versus Sparbuch (2 %)
© Helvetia Leben Akademie

Bei diesen beiden Finanzkrisen hätte ein Sparer 13.000 € mehr Kapital erhalten oder 5,75 % p. a. mehr Rendite erwirtschaftet! Finanzkrisen sind daher super für Sparverträge!

Nun kann man denken, dass dies nur für die Vergangenheit gegolten hat und die Zukunft anders aussieht. Denn aus der Vergangenheit kann man nie auf die Zukunft schließen. zwar können wir Prognosen abgeben, aber ob diese zutreffen, wissen wir nicht. Jedoch kann das Grundprinzip „Schwankungen sind gut für Sparverträge" durch Zufallssimulationen veranschaulicht werden.

Wenn Sie wissen, wo die Börse heute steht, und Sie die Anlagedauer kennen, müssen Sie sich nur überlegen, wo der Markt nach der Anlagedauer stehen und welches schlimmste Szenario (Finanzkrise) unterwegs passieren könnte. Die Finanzkrise von 2000 bis 2003 hat den Dax® um 70 % reduziert. In Zukunft könnten sogar 80 % oder 90 % Kurssturz vorkommen.

Mit den vier Werten heutiger Markt, zukünftiger Markt, Laufzeit und Kurssturz um X % kann z. B. das Tool „Zukunftssimulator" Situationen generieren, mit denen verschiedene Szenarien in der Zukunft simuliert werden. Das Tool „Zukunftssimulator" zeigt dies anschaulich:

Bei einer Laufzeit von 35 Jahren, einer Finanzkrise mit ca. 80 % Kursrückgang, einem Dax® von 13.200 Punkten und einer Prognose (1 % p. a.) von 18.700 Punkten kann der Mittelwert von 60 zufälligen Szenarien sein:

Mittelwert der 60 Werte bei einem Rückgang von 80 %:	5,27 % p. a.
Mittelwert der 60 Werte bei einem Rückgang von 40 %:	2,63 % p. a.
Wertentwicklung Ihrer DAX®-Prognose:	1,00 % p. a.

Der Mittelwert von 60 ganz anderen Szenarien (mit den gleichen vier Vorgaben) ergibt z. B.:

Mittelwert der 60 Werte bei einem Rückgang von 80 %:	4,83 % p. a.
Mittelwert der 60 Werte bei einem Rückgang von 40 %:	2,36 % p. a.
Wertentwicklung Ihrer DAX®-Prognose:	1,00 % p. a.

So könnte man beliebig viele Versuche und Berechnungen starten, das Ergebnis ist immer ähnlich. Wenn der Kurs konstant wäre, würde die Wertentwicklung (13.200 Punkte auf 18.700 Punkte in 35 Jahren) bei 1 % p. a. liegen. Falls eine Kursreduktion von mind. 40 % vorlag, liegt der Mittelwert über 2 % p. a. Falls die Börse sogar um 80 % nachgegeben hätte, läge der Mittelwert immer über 4 % p. a.

Dies zeigt deutlich: Je mehr die Börse schwankt, desto höher ist die Rendite bei Sparverträgen. Schwankungen wirken sich positiv auf die Rendite aus, extreme Schwankungen – wie z. B. in Finanzkrisen – wirken sich sehr positiv auf die Rendite aus.

Tipp: Finanzkrisen sind der Renditekick für Ihre Sparverträge!

Schematisch kann dies wie folgt aufgezeigt werden:

Denkfehler: Volatilität ist Gift für die Altersversorgung.

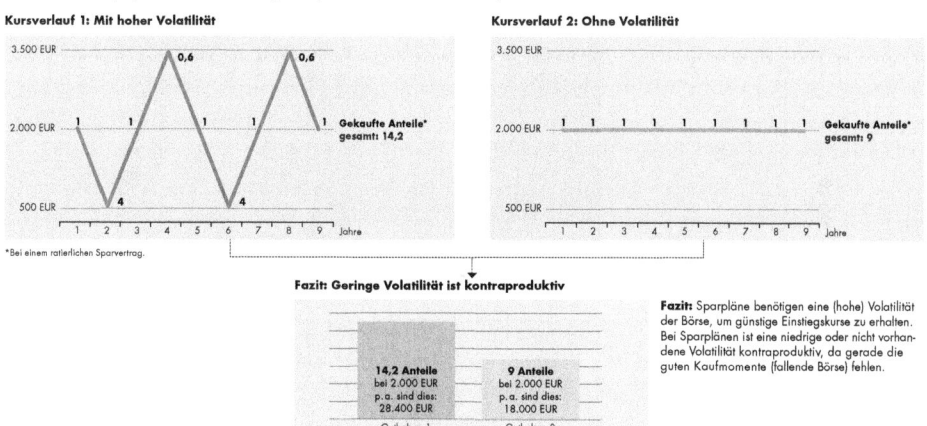

Abb. 29: Volatiler Sparvertrag versus linearer Sparvertrag
    © Helvetia Leben Akademie

Hierbei ist jedoch immer eines zu bedenken: Ein Sparvertrag wird nach einer gewissen Laufzeit zu einer großen Anlagesumme. Dabei ist es rein psychologisch schwer, einen Kursrückgang von über 30 % durchzustehen – vor allem, wenn man in der nächsten Zeit Geld benötigt. Daher sollten immer der Beitrag und das Vermögen in der Anlage unterschieden werden können! Einige Gesellschaften bieten die Möglichkeit, den Beitrag z. B. auf 10 volatile Fonds (Asset Allocation) oder das Anlagevermögen auf 10 weitere Fonds (weniger volatil) zu verteilen. Zusätzlich sollte z. B. 5 Jahre vor dem Entnahmewunsch die Anlage in sichere Anlagen geswitched werden (Ablaufmanagement).

Tipp: Beiträge sollten immer volatil investiert werden. Die Anlage kann (auf Wunsch) in weniger risikoreiche Fonds wechseln. Zum Ende hin ist an ein Ablaufmanagement zu denken!

6.6 Garantien

„Die Deutschen sind sicherheitsbewusst!" „Die Deutschen lieben Garantien!" „Die Deutschen mögen kein Risiko!"

Diese Aussagen hört und liest man immer und immer wieder. Es ist fast ein Mantra, das Politiker und Berater verbreiten.

Liegt dies nicht eher daran, dass die meisten keine Ahnung im Bereich Finanzen haben? Dass ihnen der Unterschied zwischen Gefahr und Risiko gar nicht bewusst ist? In Kapitel 8 (und siehe S. 21) wurde gezeigt, dass der Anleger in der Regel entweder sein Ziel erreicht oder seine angebliche Risikotoleranz erfüllt. In einer Niedrigzinsphase kann mit sicheren und/oder garantierten Produkten das Ziel (ausgesorgter Ruhestand) daher meist nicht erreicht werden.

Woran liegt das? Warum können sichere/garantierte Produkte keine oder nur eine niedrige Rendite erwirtschaften?

Das liegt am System. Denn die Basis bleibt immer, dass der Markt extreme Situationen regelt. Wenn es in der jetzigen Nullzinspolitik ein Produkt gäbe, bei dem ein Anleger garantiert 2 % p. a. Ertrag erhalten würde, könnte jeder – ohne dass er arbeiten müsste – Geld verdienen. Jeder könnte bei der Bank ein Darlehen (der Zins liegt bei ca. 1 % p. a. auf 10 Jahre Festschreibung (Stand 2019)) und das gleiche Geld garantiert für 2 % p. a. anlegen. 1 % p. a. Ertrag ohne Arbeit ist ein sensationeller Ertrag!

Abb. 30: Darlehenszins-Entwicklung
        Quelle: https://www.interhyp.de/zins-charts/

Berechnung	
Darlehen/Anlage	100.000 €
Darlehenszins (1 % p. a.)	1.000 € p. a.
Guthabenzins (2 % p. a.)	2.000 € p. a.
Ertrag	1.000 € p. a.

Garantien bei Fonds oder Fondspolicen basieren in der Regel auf dem sog. Zerobond-Verfahren. Als Basis wird eine garantierte Anlage (10-jährige Bundesanleihe, Deckungsstock o. Ä.) genutzt.

Das Beispiel stellt dies an einer Einmalanlage von 100.000 € dar.

Wenn 100.000 € in eine Fondspolice investiert werden, fallen in der Regel Kosten i. H. v. 7 % an, sodass ca. 93.000 € in der Anlage landen. Die Deckungsstockverzinsung beläuft sich auf 0,9 % p. a. (2020).

Wenn die Anlage nach ca. 20 Jahren eine Brutto-Beitragsgarantie erreichen soll, müssen die Kosten (7.000 €) und die jährlichen Verwaltungskosten mit der Garantieverzinsung erwirtschaftet werden. Eine Beitragsgarantie kann nur mit einer sehr sicheren Garantieanlage unterlegt werden. Errechnet wird daher der Einmalbeitrag, den man benötigt, um mit 0,9 % p. a. und einer Anlagedauer von 20 Jahren die Summe von 100.000 € zu erreichen. Der Einfachheit halber werden hier die jährlichen Verwaltungskosten vernachlässigt. Die Formel lautet:

$100.000 € = X * (1 + 0,9 \%)^{20}$

$\rightarrow X = $ ca. 83.600 €

Somit werden für eine Beitragsgarantie (mit einem Zins von 0,9 %) 83.600 € als Anlage im Deckungsstock benötigt. Somit können 9.400 € in eine beliebige Anlage (z. B. Aktienfonds, Index etc.) fließen. Selbst wenn diese 9.400 € komplett verloren gehen würden, würde durch eine garantierte Anlage (Deckungsstock) das Kapital nach 20 Jahren wieder zur Verfügung stehen.

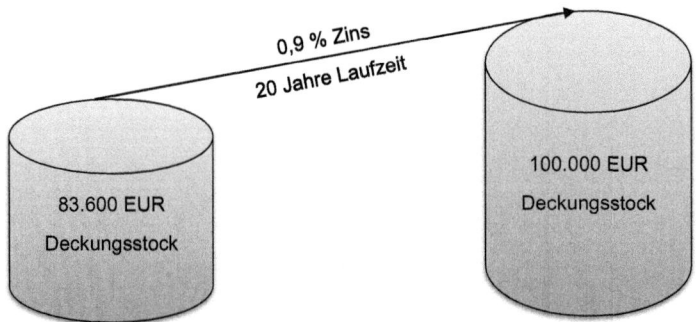

Freie Anlage: 9.400 EUR
Kosten: 7.000 EUR

Abb. 31: Darstellung einer Beitragsgarantie
© Helvetia Leben Akademie

Dieses Garantiemodell wird im Allgemeinen als Basis für alle Beitragsgarantien in Fondspolicen genutzt. Lediglich bei der Garantieart „Variable Annuities" wird die Garantie durch Optionen umgesetzt.

Schon bei einer Einmalanlage wird deutlich, dass der überwiegende Anteil des Beitrags in eine „garantierte" – und somit schlecht verzinste – Anlage investiert wird. Bei einem ratierlichen Vertrag muss bis zu einer Anlagedauer von 25 Jahren in der Regel alles in den Deckungsstock fließen, um eine Beitragsgarantie darzustellen.

Zins x%	Laufzeit t
0,50%	36
0,75%	28
0,90%	26
1,00%	24
1,25%	20

Ab der angegebenen Laufzeit ist bei der jetzigen Kostensituation eine Beitragsgarantie bei ratierlichen Sparverträgen möglich! Annahme: marktübliche Kosten

Abb. 32: Übersicht der notwendigen Laufzeiten bei einer Beitragsgarantie
© Helvetia Leben Akademie

Die Tabelle zeigt, dass bei einer sicheren Verzinsung von 0,5 % und marktüblichen Kosten eine Beitragsgarantie bei Kapitalversicherungen erst ab einer Anlagedauer von 36 Jahren möglich ist. Jedoch kann an diesem System etwas so verändert werden, dass sie auch schon vorher erreicht werden kann. Jedoch trägt der Hauptteil der Anlage nicht zu einer Wertentwicklung bei.

Die Studie der „Frankfurt School of Finance" von 2017 (https://www.frankfurt-school.de/home/newsroom/news/2017/februar/garantien-in-der-langfristigen-anlage) verdeutlicht, dass Garantien in der Vergangenheit sehr teuer waren und meist nicht gebraucht wurden. Da der Zins noch weiter gesunken ist, sind die Garantie-Kosten inzwischen sogar noch höher.

Dies können Sie auch mit dem Tool „Beitragsgarantie mit Ablaufphase" erkennen.

Bei dem Index Dax® hat es seit Rückrechnung vom 30.10.1959 ganze 290 Perioden mit einer Dauer von 35 Jahren (Start Monatserster) gegeben. Keine dieser Perioden war negativ!

	DAX®
Anzahl der Perioden	302
Anlagedauer	35

	DAX®
Negative Perioden	0
Quote der negativen Perioden	0,00%
Schlechteste Performance	5,48%
Mittlere Performance	7,37%
Beste Performance	8,95%

Abb. 33: Zinsübersicht bei einer Anlagedauer von 35 Jahren
© Helvetia Leben Akademie

Bis Ende 2018 war die schlechteste Rendite 5,48 % p. a. – der Sparer hätte auf jeden Fall 5 % p. a. erwirtschaftet! Im Mittel läge die Geldanlage sogar bei 7,39 % p. a.

Bei einer Police mit Beitragsgarantie, die in der Nullzinsphase maximal eine Performance von 2 % p. a. erreichen kann, sieht die Garantiekosten-Betrachtung wie folgt aus:

Anlage 100 € mtl.

	Anlage in DAX®	Modellrechung
Beitragssumme	42.000 €	
Schlechteste Perf. (5,48%)	**126.597 €**	
2% Performance		60.755 €
3% Performance		74.156 €
4% Performance		91.373 €
6% Performance		142.471 €
Mittlere Perf. (7,37%)	**196.647 €**	
Beste Perf. (8,95%)	**290.382 €**	

Abb. 34: Entwicklung bei verschiedenen Zinsen
© Helvetia Leben Akademie

Vertrag mit Beitragsgarantie (max. 2%)	60.755 €
Vertrag ohne Beitragsgarantie (Mittelwert aus der Vergangenheit)	196.647 €
Kosten der Beitragsgarantie	135.892 €

Abb. 35: Kosten einer Beitragsgarantie
© Helvetia Leben Akademie

Ein Sparvertrag mit einer Beitragsgarantie über 35 Jahre mit 1.200 € Beitrag p. a. hat ein Beitragsaufkommen von 42.000 €. Da bei einem Vertrag mit Beitragsgarantie voraussichtlich ca. 61.000 € erzielt werden, liegen die Garantiekosten bei ca. 136.000 €, da ein Dax-Sparplan im Mittel ca. 197.000 € erreicht hätte.

Garantiekosten i. H. v. ca. 136.000 € müssen mit dem Beitrag von 42.000 € verglichen werden.

Für eine Garantie liegen die Garantiekosten oft über der Beitragssumme!

> **Fazit:**
>
> Eine Garantie ist der teuerste Luxus, den sich ein Anleger leisten kann. Auf über 60 bis 80 % der Performance verzichtet er, wenn er bei einer längeren Laufzeit eine Beitragsgarantie integriert (die er nach den Erfahrungen in der Vergangenheit nie benötigt hätte)!

7 Gesetzliche Rente

„Die Rente ist sicher!" (10.10.1997, Norbert Blüm)

Jeder kennt diesen Satz und macht sich darüber lustig. Interessant ist jedoch, dass dieser Satz für sich genommen sogar stimmt!

Weder ist bei diesem Satz (ohne die ganze Rede zu kennen) klar, um welche Rente es sich handelt (die gesetzliche oder private oder betriebliche Rente), noch wurde gesagt, wann und in welcher Höhe diese Rente gezahlt wird. Jede Regierung versucht auf irgendeine Art, die gesetzliche Rente zu retten. Das Grundproblem – es ist ein Umlageverfahren – bleibt aber bestehen, egal wie sehr an der gesetzlichen Rente herumgedoktert wird.

Richtig könnte heute der Satz sein: „Abgebrannt in den Ruhestand!"

Bei einem Umlageverfahren spart nicht jeder für sich, sondern alle Beitragszahler bezahlen die derzeitigen Rentner. Dabei hofft jeder, dass es in Zukunft, wenn er selbst in Rente geht, noch genügend Arbeitnehmer gibt, die dann seine Rente bezahlen. Die gesetzliche Rente basiert auf dem Vertrauen, dass wir zukünftig genügend Arbeitnehmer in Deutschland haben, die bereit (als Arbeitnehmer verpflichtend) sind, in dieses System zu investieren.

2019 hat der Bund über 90 Milliarden als Zuschuss oder versicherungsfremde Leistungen in die gesetzliche Rente eingezahlt. Etwa ein Drittel der Leistungen bezahlt jetzt schon der Staat und somit alle Steuerzahler. Die Arbeitnehmer zahlen zudem noch den GRV-Beitrag. Sie erhalten dafür einen Anspruch auf eine zukünftige Rente auf der Basis von Vertrauen.

Die Probleme der gesetzlichen Rente lassen sich verkürzt so darstellen:

1) immer mehr Rentner
2) weniger Geburten und damit weniger Beitragszahler
3) Renten werden länger gezahlt
4) Rentenversicherungsfremde Leistungen
5) Jeder vierte Erwerbstätige arbeitet im Niedriglohnbereich – das Beitragsaufkommen ist entsprechend gering.

Daher kann man heute schon sagen, dass die GRV – wenn es eine richtige Firma am Markt wäre – insolvent wäre.

Die Regierung versucht, über die Basisrente (Schicht 1) und die Riesterrente (Schicht 2) die deutsche Bevölkerung vom Umlageverfahren (GRV) hin zur Individualvorsorge – also dem Kapitaldeckungsverfahren – zu führen. Durch Steueranreize motiviert machen dies auch einige, aber die breite Masse der Bevölkerung wird nach wie vor nicht genügend Geld fürs Alter zurücklegen (können).

Es ist jedoch eines klar: Selbst ein nicht zu erwartender enormer Anstieg der Geburten würde an dieser Problematik nichts ändern, da es noch 20 bis 25 Jahre dauern würde, bis diese Neugeborenen eigene Beiträge leisten könnten. Daher sind die Prognosen, wie sich die Rente entwickeln wird – sehr realistisch. Die Tatsachen und die Bevölkerungsstruktur stehen ja heute schon fest. Dazu gibt es zahlreiche Internetseiten und Informationen.

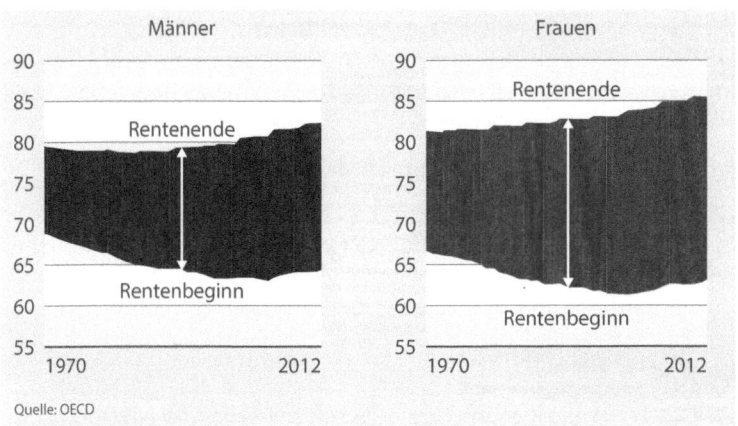

Abb. 36: Rentenbezugsdauern
© Helvetia Leben Akademie

Diese Grafik veranschaulicht, dass die Rentenzahldauer heute deutlich länger ist als früher, bei Männern sogar fast doppelt so lange. Dadurch steigt die Belastung für die gesetzliche Rentenversicherung um 100 %. Dies kann nur durch einen Beitragsanstieg, einen späteren Rentenbeginn oder durch eine Rentenkürzung aufgefangen werden.

Wie wird die Zukunft der gesetzlichen Rentenversicherung aussehen?

Zurzeit zahlt der Staat fast 100 Mrd. als Zuschuss in dieses System. Wenn dieser Betrag nicht noch weiter steigen soll, zeigt die Seite https://rentenminister.gdv.de/ Prognosen für verschiedene Variablen.

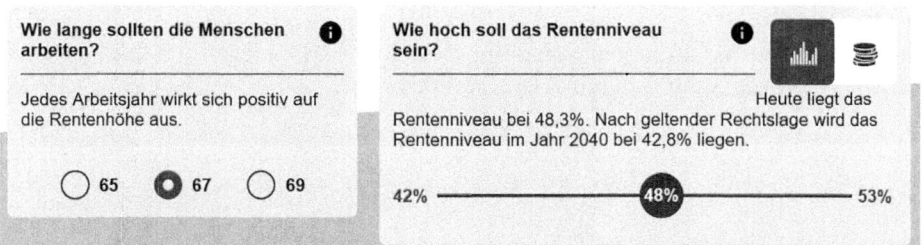

Abb. 37: Rentenminister vom GDV
Quelle: https://rentenminister.gdv.de/

Wenn Sie für den Renteneintritt mit 67 Jahren und ein Rentenniveau von ca. 48 % des Bruttogehaltes eine Prognose anstellen, wird der Beitragssatz auf ca. 29 % steigen. Dies ist nicht durchführbar.

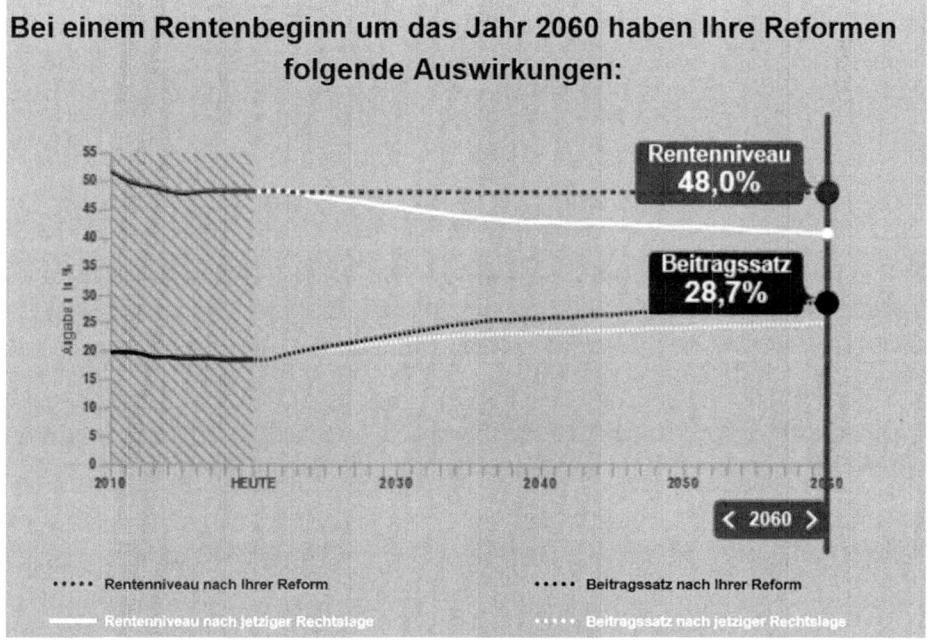

Abb. 38: Beitragssatz
Quelle: https://rentenminister.gdv.de/

Daher können Sie in der Prognose als Vorgabe auch einen Beitragssatz von z. B. 20 % wählen.

Die Prognose verdeutlicht, dass dann voraussichtlich das Rentenniveau auf ca. 33 % sinkt.

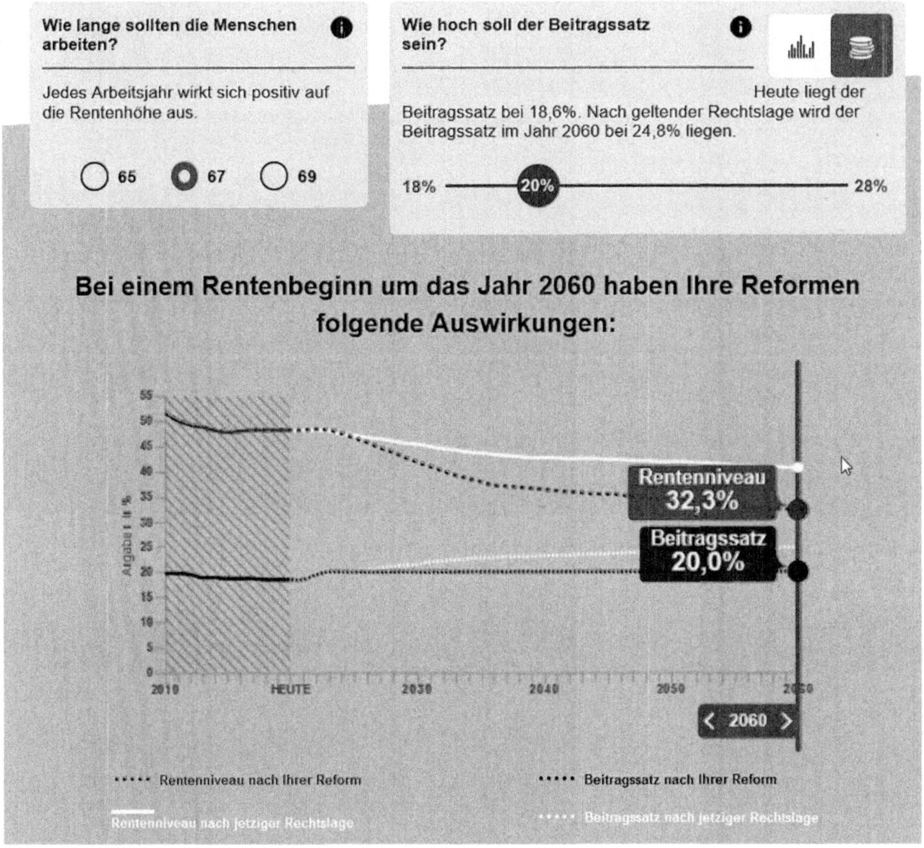

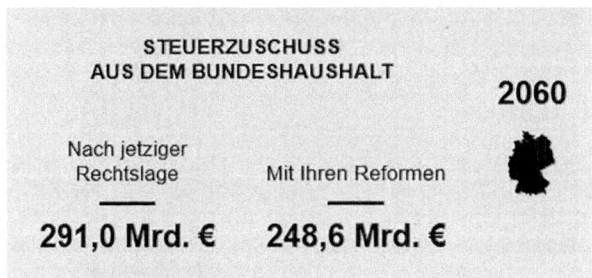

Wie lange sollten die Menschen arbeiten? ⓘ

Jedes Arbeitsjahr wirkt sich positiv auf die Rentenhöhe aus.

○ 65   ● 67   ○ 69

Wie hoch soll der Beitragssatz sein? ⓘ

Heute liegt der Beitragssatz bei 18,6%. Nach geltender Rechtslage wird der Beitragssatz im Jahr 2060 bei 24,8% liegen.

18% ——— 20% ——————————————————— 28%

Bei einem Rentenbeginn um das Jahr 2060 haben Ihre Reformen folgende Auswirkungen:

Rentenniveau 32,3%

Beitragssatz 20,0%

‹ 2060 ›

Angabe i in %

2019   HEUTE   2030   2040   2050   2060

••••• Rentenniveau nach Ihrer Reform   ••••• Beitragssatz nach Ihrer Reform

—— Rentenniveau nach jetziger Rechtslage   ••••• Beitragssatz nach jetziger Rechtslage

Abb. 39: Rentenniveau
        Quelle: https://rentenminister.gdv.de/

Interessant ist übrigens auch die Angabe des Staatszuschusses. Nach der derzeitigen Rechtslage wird dieser von heute 90 Mrd. EUR auf 291 Mrd. EUR im Jahr 2060 steigen. Und das ist wahrscheinlich sogar noch vorsichtig geschätzt!

STEUERZUSCHUSS AUS DEM BUNDESHAUSHALT

2060

Nach jetziger Rechtslage   Mit Ihren Reformen

291,0 Mrd. €   **248,6 Mrd. €**

Abb. 40: Bundeszuschuss
        Quelle: https://rentenminister.gdv.de/

Dieses Tool bietet eine gute Übersicht über die Problematik der langen und hohen Renten bei begrenztem Beitragsaufkommen.

Das Problem der zukünftig zahlreichen Rentner und der wenigen Beitragszahler verdeutlicht auch die Seite des Statistischen Bundesamtes:

https://service.destatis.de/bevoelkerungspyramide/

Dort wird die zukünftige Bevölkerungsentwicklung animiert dargestellt.

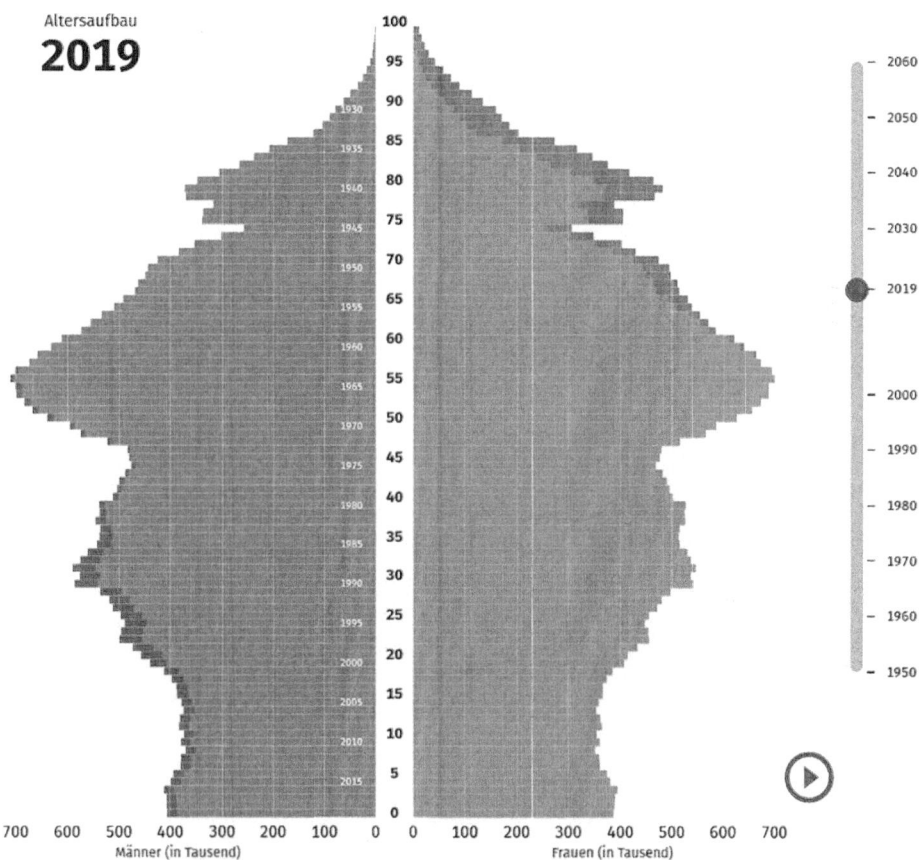

Abb. 41: Bevölkerungspyramide 2019
    Quelle: https://service.destatis.de/bevoelkerungspyramide/

Noch gibt es zahlreiche Arbeitnehmer und somit Beitragszahler im Alter zwischen 45 Jahren und 65 Jahren. Es lässt sich aber schon erkennen, dass der Unterbau der jüngeren Arbeitnehmer sehr schmal ist. Nach dem Klicken auf den Play-Button vergehen die Jahre und es wird deutlich, dass die geburtenstarken Jahrgänge in ca. 10 bis 15 Jahren in Rente gehen.

Ein massiver Anstieg der Zahl der Rentner belastet die gesetzliche Rentenversicherung und damit die Arbeitnehmer. Die Arbeitnehmer werden entweder beim GRV-

Beitrag oder durch die höhere Steuerbelastung (Bundeszuschuss) zur Kasse gebeten. Als Ausweg könnte evtl. nur die Senkung der Rente bleiben.

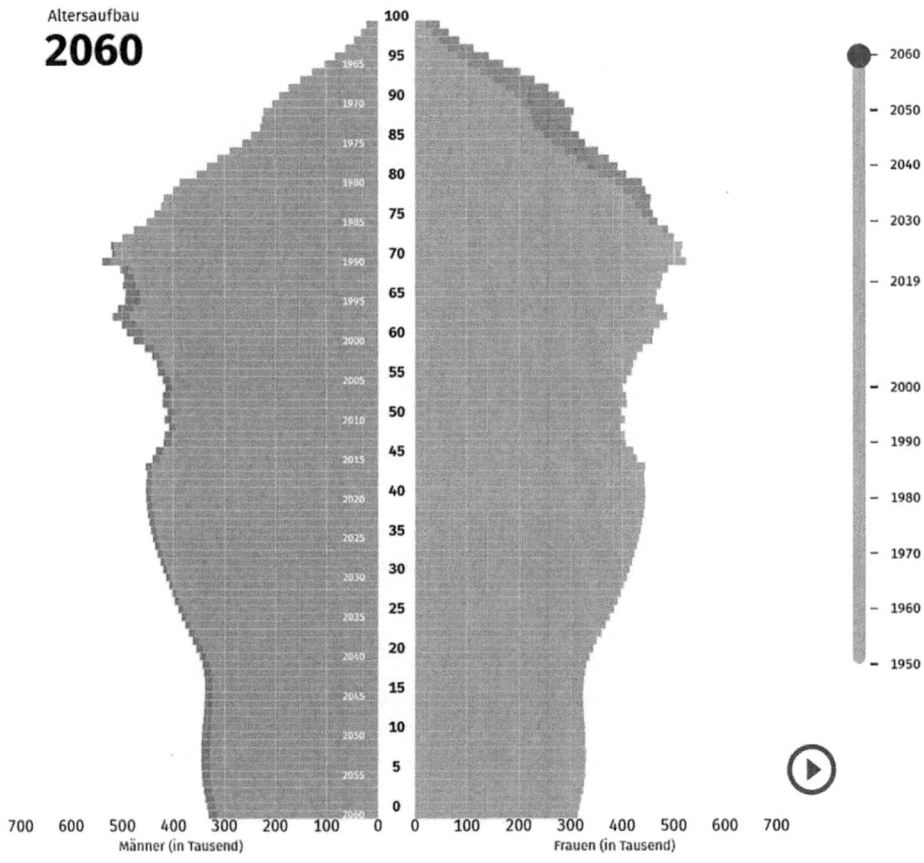

Abb. 42: Bevölkerungspyramide 2060
      Quelle: https://service.destatis.de/bevoelkerungspyramide/

Wie wird die Regierung reagieren? Wir wissen es nicht.

Fazit:

Sie bekommen jedes Jahr einen Rentenbescheid. Gehen Sie bei Ihrer Planung nicht davon aus, dass die Prognosen, die dort enthalten sind, zutreffen werden.

„Die Rente ist sicher" – aber die Höhe ist unbekannt!

8 Gefahr und Risiko

In Kapitel 6.6 Garantie wurde bereits deutlich, dass die Deutschen Sicherheit lieben. Zwar kennen sie oft die Konsequenzen nicht, aber die Sicherheit oder die Garantie ist hoch priorisiert.

Nur wenige kennen die Konsequenz von Garantieverträgen, dass die Rendite in der heutigen Zeit um 60 % bis 80 % reduziert wird und dadurch das Ziel einer ordentlichen Versorgung für den Ruhestand meist nicht erreichbar ist.

Noch weniger Menschen kennen den Unterschied von Gefahr und Risiko. Wer sich diesen Unterschied bewusstmacht, kann sich die Frage stellen, was er daraus für seine eigenen Geldanlagen lernen kann.

8.1 Gefahr

Was ist eine Gefahr?

Wikipedia definiert sie so:

„Eine Gefahr ist eine Situation oder ein Sachverhalt, der zu einer <u>negativen Auswirkung</u> führen kann."

Das Stichwort ist die „negative Auswirkung".

Ein Tiger ist definitiv gefährlich. Wenn er hungrig vor Ihnen auftaucht, besteht die Gefahr, dass Sie schnell laufen müssen! Es heißt zwar nicht zu 100 %, dass er sie frisst, aber die Gefahr besteht!

8.2 Risiko

Auch zum Risiko möchte ich Wikipedia zitieren:

„Risiko wird im Allgemeinen als Kombination aus <u>Eintrittswahrscheinlichkeit</u> eines unerwünschten Ereignisses und Schadensschwere als Konsequenz aus einem etwaigen Eintritt des Ereignisses angesehen."

Beim Risiko kommt zur Gefahr (der negativen Auswirkung) noch die Eintrittswahrscheinlichkeit hinzu. Am Beispiel des Tigers bedeutet das:

Ein Tiger ist per se gefährlich. In freier Wildbahn ist er nicht nur gefährlich, sondern es besteht auch ein hohes Risiko, dass er Sie angreift.

Wenn Sie dagegen im Zoo sind und der Tiger hinter dem Sicherheitsglas seine Bahnen zieht, ist der Tiger zwar nach wie vor gefährlich. Das Risiko für Sie ist aber sehr viel geringer. Man könnte sagen, im Zoo geht von einem Tiger kein Risiko aus.

Ein Tiger ist immer gefährlich, aber nicht immer besteht ein Risiko!

8.3 Gefahr und Risiko in der Finanzbranche

Diese Definition lässt sich gut auch auf die Finanzbranche, also auf Ihre Geldanlage, transferieren.

Zunächst stellt sich die Frage:

Was ist bei einer Geldanlage von 20 Jahren gefährlicher: Festgeld oder Aktienfonds?

Und noch eine Frage:

Was ist bei einer Geldanlage von 20 Jahren risikoreicher: Festgeld oder Aktienfonds?

Die meisten Deutschen würden immer den Aktienfonds als gefährlicher und risikoreicher einschätzen. Sie auch?

Schauen wir uns die Fakten an:

Die negative Auswirkung in der Finanzbranche ist der „Geldverlust". Um die Gefahr einer Anlage zu bewerten, muss die Möglichkeit des Geldverlustes bewertet werden.

Nehmen wir als Anlage eine Investition in den deutschen Index DAX®. Bei der Laufzeit von einem Jahr kann man ablesen, dass man die Chance auf 101,4 % Gewinn hatte, aber auch die Gefahr, 49,2 % (bei einem Sparvertrag) zu verlieren. Die Gefahr, sein Geld zu verlieren, ist somit recht hoch!

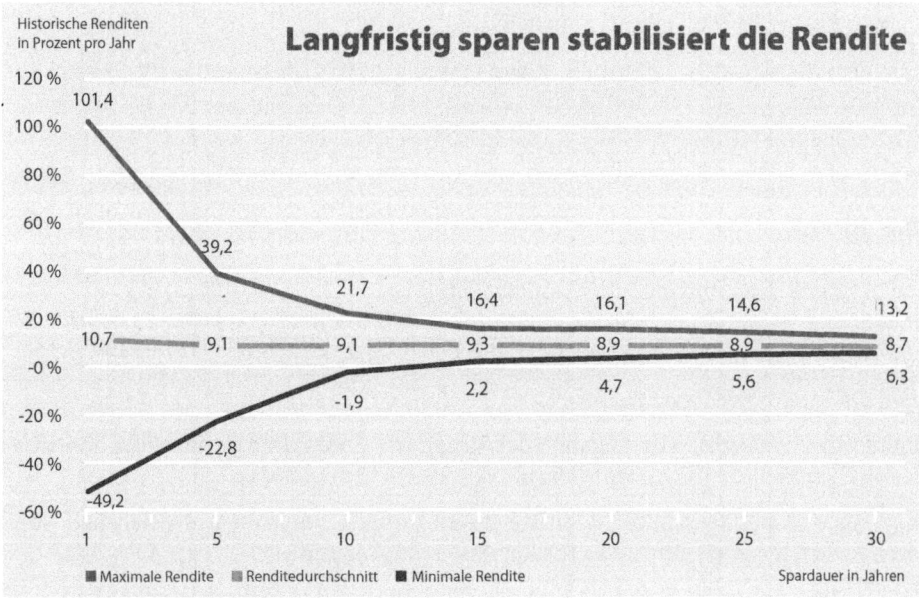

Abb. 43: Rendite bei einem Sparvertrag Dax
Quelle: www.dai.de/

Wie sieht es bei Festgeld/Tagesgeld/Sparkonten aus?

Festgeld wird durch den Einlagensicherungsfonds als ungefährlich empfunden. Doch bitte aufpassen: Nur ein Betrag von bis zu 100.000 € ist über den Einlagensicherungsfonds abgesichert. Beträge darüber hinaus werden als „Nachrangdarlehen" angesehen und können bei einer Insolvenz der Bank verloren gehen.

Tipp: Nie mehr als 100.000 € bei einer Bank auf Sparkonten deponieren!

Natürlich kann in schlimmsten Situationen auch ein Einlagensicherungsfonds zusammenbrechen, aber diese extreme Situation lassen wir mal unberücksichtigt.

Die Gefahr, bei Banksparkonten Geld zu verlieren, ist somit gering!

Und nun müssen wir beide Anlagen risikotechnisch untersuchen.

Im kurzfristigen Bereich von 1 bis 5 Jahren ist das Risiko bei einer Aktienanlage sehr hoch, da die Wahrscheinlichkeit, Geld zu verlieren, groß ist. Für langfristige Anlagedauern (z. B. 20 Jahre) gab es bisher keine Spardauer, die unter einem Ertrag von 4,7 % p. a. lag. Natürlich kann man aus der Vergangenheit nicht auf die Zukunft extrapolieren, aber mit der Vergangenheit ist zumindest eine Risikoabschätzung möglich.

Die niedrigste Rendite lag sogar deutlich über der Inflation von 2 % p. a. Somit sind Aktien zwar gefährlich, aber langfristig risikoarm.

Bei Sparkonten sieht das anders aus. Zurzeit (2020) liegt der Bankzins bei 0 % p. a. (oder ist sogar negativ). Im kurzfristigen Bereich sind die Gefahr und das Risiko Geld zu verlieren gering.

Langfristig sollte jedoch die Inflation berücksichtigt werden. Bei einer Inflation von 2 % p. a. verliert der Kunde 2 % p. a. Über 20 Jahre gerechnet beläuft sich der Kaufkraftverlust auf ca. 40 %. Bei einer Einmalanlage von 100.000 € bleiben dem Sparer kaufkrafttechnisch nach 20 Jahren nur noch etwa 60.000 € übrig, das heißt, er verliert 40.000 €! Dies gilt übrigens auch für Geld unter dem Kopfkissen!

Sparkonten sind ungefährlich, aber langfristig sehr risikoreich!

Fazit 1:

Sparkonten und Fonds können nicht miteinander verglichen werden. Sie sind in den Bereichen Gefahr, Risiko und Rendite völlig unterschiedlich zu bewerten.

Fazit 2:

Aktienfonds sind gefährlich, aber langfristig risikoarm! Sparkonten sind ungefährlich, aber langfristig risikoreich!

9 Time schlägt Timing

Wann soll man investieren? Die Antwort ist einfach: Egal wann, Hauptsache, man investiert.

Wichtig: Es heißt „egal wann", nicht „egal was". Viele denken, dass es reicht, wenn man einen bestimmten Betrag auf Sparkonten oder in Garantieverträgen parkt. Aber oben haben wir zeigen können, dass dies massive Probleme mit den Zielen bereitet. In der Niedrigzinsphase bleibt oft nur die Anlage in Sachwerte (Aktienfonds) übrig.

Bei Aktien oder Aktienfonds denken viele, dass das Timing entscheidend ist. Wann ist der günstigste Zeitpunkt, einzusteigen? Heute, morgen oder darf man evtl. erst in zwei Jahren investieren?

Rückwirkend ist es leicht, zu entscheiden, aber dann ist es zu spät! Für die Zukunft ist der beste Zeitpunkt unmöglich vorherzusehen. Das kann kein Finanz-Experte und keine Wahrsagerin. Mit dem Wissen, dass der richtige Zeitpunkt nicht vorhersehbar ist, ist auch die Frage erlaubt, wie relevant der optimale Einstiegszeitpunkt bei einer langen Laufzeit ist. Dabei ist zwischen einem Sparvertrag und einer Einmalanlage zu unterscheiden.

9.1 Sparvertrag

Seit dem Jahr 2000 gab es zwei Finanzkrisen. Von 2000 bis 2003 ist der DAX® um 70 % gesunken. Um zu entscheiden, ob der Beginn eines Sparvertrages relevant ist, nutzen wir genau diese Situation. Im Februar 2000 war einer der Höchststände des Dax® und im März 2003 hatte der Dax® seinen Tiefststand erreicht – und dabei ca. 70 % an Wert verloren. Für ein Beispiel nutzen wir diese Tatsache und simulieren zwei Sparverträge:

Sparvertrag 1: Beginn 2/2000, Ende des Sparens 2/2016

Sparvertrag 2: Beginn 3/2003, Ende des Sparens 11/2019

Was denken Sie? Bei welchem Sparvertrag kommt mehr heraus? Bei dem Sparvertrag, der mit dem Höchststand des Dax® beginnt, oder dem, der im Tiefpunkt beginnt? Die Beitragssumme ist bei beiden identisch und beläuft sich auf 19.200 € (100 € mtl.)!

Time schlägt Timing – Sparvertrag	
Sparvertrag 1: Höchster Kurs	ca. 45.000 €
Sparvertrag 2: Niedrigster Kurs	ca. 40.000 €

Die Tabelle zeigt, dass es bei Sparverträgen eindeutig besser ist, in Hoch-Zeiten zu beginnen. Das ist logisch. Kapitel 6.5 [siehe S. 46] verdeutlicht, dass sich bei Sparverträgen die Schwankungen sehr positiv auf die Rendite auswirken. Je mehr Kursstürze das Geld übersteht, desto günstiger kaufen Sie ein und desto höher ist die Rendite. Wenn Sie auf den niedrigsten Kurs warten, entgehen Ihnen die günstigen Kurse im fallenden Markt (Cost-Average-Effekt). Aber auch bei einem Einstieg am Tiefstpunkt bekäme der Investor eine gute Rendite (trotz oder genau wegen zweier Finanzkrisen) erhalten. Je länger der Sparer mit dem Beginn wartet, desto mehr mögliche Renditen entgehen ihm. Dabei spielt der Zinseszins eine enorme Rolle!

> **Fazit:**
>
> Ein Sparvertrag sollte umgehend begonnen werden. Die Zeit (Time) ist der wesentliche Faktor. Mit gutem Timing (Einstiegszeitpunkt) kann eine etwas bessere Rendite erwirtschaftet werden. Bei einem Sparvertrag sollte aber dann der höchste Kurs genutzt werden.

9.2 Einmalanlage

Wie sieht es bei einer Einmalanlage aus? Hier wäre eine Investition am Tiefstpunkt optimal. Mit den gleichen Zeitpunkten wie beim ratierlichen Sparen erhalten wir folgendes Ergebnis:

Time schlägt Timing – Einmalanlage (10.000 €)	
Sparvertrag 1: Höchster Kurs	ca. 17.000 €
Sparvertrag 2: Niedrigster Kurs	ca. 54.000 €

Deutlich ist der große Vorteil zu sehen, wenn ich direkt nach einer Finanzkrise von 70 % investiere. Aber selbst beim absoluten Höchststand wäre ein Gewinn von 70 % möglich gewesen.

Den optimalen Einstiegszeitpunkt kann niemand erahnen. Daher spielt das Timing eine untergeordnete Rolle. Aber eines wird auch hier deutlich:

Trotz zweier Finanzkrisen (2000: 70 %, 2008: 50 %) hätte der Investor noch 70 % Gewinn gemacht. Hauptsache, er hat investiert! Wenn er ein Sparbuch mit 1 % p. a. genutzt hätte, wären lediglich ca. 12.000 € erreicht worden – 5.000 € weniger!

> **Fazit:**
>
> Bei einer Anlage spielt der Einstiegszeitpunkt eine gewisse Rolle. Wichtig ist aber, dass der Anleger überhaupt investiert. Time schlägt auch hier Timing!

Das größte Problem bei einer Einmalanlage ist die Psychologie. Selbst wenn Sie erkannt haben, dass es wichtig ist, überhaupt zu investieren, ist es problematisch, direkt nach dem Investment einen Verlust von z. B. 20 % zu sehen. Es ist immer fatal, auf einen Schlag 20 % oder mehr zu verlieren – auch wenn es in Zukunft wieder aufgeholt werden wird.

Aus psychologischen (nicht aus renditetechnischen) Gründen sollte somit der Einstieg bei einer Einmalanlage über mehrere Monate verteilt werden. Dies kann bei einer Direktanlage automatisiert über einen Fondssparplan und in einer Fondspolice über eine Cost-Average-Option umgesetzt werden. Bei einer Fondspolice wird zuerst alles in einen sicheren Fonds oder ins Sicherungsguthaben investiert, um aus dieser sicheren Anlage nach und nach in den Markt zu wechseln. Gerade wenn eine Finanzkrise erwartet wird, können fallende Kurse optimal für einen günstigen Einstieg genutzt werden.

Fazit:

Egal, ob Sparplan oder Einmalanlage – nutzen Sie die Zeit, um eine Rendite zu erwirtschaften. Investieren Sie heute und nicht erst in ein paar Monaten.

---

10 Inflation

„Inflation bezeichnet in der Volkswirtschaftslehre eine allgemeine und anhaltende Erhöhung des Preisniveaus von Gütern und Dienstleistungen (Teuerung), gleichbedeutend mit einer Minderung der Kaufkraft des Geldes." (Zitat Wikipedia)

Die Deutschen haben viele Ängste – u. a. vor Inflation. Viele denken dabei an die Hyperinflation von 1919 bis 1924, bei der die Kaufkraft teilweise 20 % pro Monat sank. Jedoch haben die wenigsten diese selbst erlebt.

Warum haben die Deutschen Angst davor?

Es ist die grundsätzliche Angst, etwas zu verlieren, wofür man so lange gearbeitet hat. Geld ist an sich nichts anderes als der Gegenwert für die eigene Arbeit. Die Inflation reduziert die Kaufkraft des Geldes, ohne dass man etwas dagegen tun kann.

In Praxis gibt es die persönliche, die gefühlte und die allgemeine Inflation.

Jeder Mensch hat individuelle Interessen und in vielen Bereichen andere Bedürfnisse als die Masse der Menschen. Jeder benutzt und verbraucht ganz unterschiedliche Dinge. Die individuelle Inflation betrifft nur die Dinge, die man nutzt. Wenn Sie eine Ölheizung haben, interessiert Sie z. B. der Gaspreis und damit die Inflation beim Gas nicht.

Die gefühlte Inflation betrifft die Nutzungshäufigkeit. Jeder kauft Lebensmittel deutlich häufiger als z. B. ein Auto. Wenn Lebensmittel im Preis steigen, spürt dies der Verbraucher stärker und nachhaltiger als bei anderen Dingen, die er nicht so häufig kauft.

Die allgemeine Inflation bezieht sich auf den Warenkorb, dessen Inhalt immer wieder an den aktuellen Markt angepasst wird.

Völlig unabhängig davon, welche Art von Inflation man betrachtet: Die Kaufkraft schwindet und jeder sollte dies bei seiner Finanzplanung berücksichtigen. Für Ihre Finanzplanung ist die persönliche Inflation maßgeblich.

Um einen Überblick darüber zu erhalten, ist die Webseite „Persönlicher Inflationsrechner" des Statistischen Bundesamtes hilfreich: https://service.destatis.de/inflations rechner/Inflationsrechner.svg

Die Europäische Zentralbank (EZB) hat eine Inflationsvorgabe von 2 % p. a.

Tipp: Die persönliche Inflation sollte bei der Finanzplanung berücksichtigt werden.

10.1 Beitrag mit Dynamik

Bei der Finanzplanung oder der Ruhestandsplanung ist die Inflation immer zu berücksichtigen.

Die Berücksichtigung kann auf verschiedene Weise stattfinden.

10.1.1 Konstanter Beitrag

Sie können die Rentenlücke über die Laufzeit inflationieren, das notwendige Kapital berechnen und den daraus resultierenden Beitrag ermitteln, um die Lücke (nach Inflation) zu schließen.

Beispiel Alter 30 Jahre, Rentenbeginn 67 Jahre	
Rentenlücke	500 € mtl.
Inflationiert (2 % p. a., 37 Jahre)	1.040 € mtl.
Notwendiges Kapital (Faktor 361)	ca. 380.000 €
Beitrag („Rechenknecht", 6 % p. a. Zins)	240 € mtl.

Der Sparer muss jeden Monat ca. 240 € sparen, um die inflationsbereinigte Lücke von heute 500 € mtl. und zukünftig 1.040 € mtl. zu schließen. Dies ist jedoch für viele evtl. nicht möglich. Daher kann man die Inflation auch auf andere Weise berücksichtigen.

10.1.2 Dynamischer Beitrag

Die Basis dieser Herangehensweise ist es, die Inflation zunächst beiseite zu lassen. Die Lücke wird zuerst ohne Inflationsbetrachtung geschlossen.

Beispiel Alter 30 Jahre, Rentenbeginn 67 Jahre	
Rentenlücke	500 € mtl.
Notwendiges Kapital (Faktor 361)	ca. 181.000 €
Beitrag („Rechenknecht", 6 % Zins)	115 € mtl.

Um die Rentenlücke von 500 € mtl. zu schließen, muss man bei einem Zins von 6 % p. a. ca. 120 € mtl. aufbringen. In 37 Jahren ist die Rentenlücke natürlich durch die Inflation größer, sodass der Beitrag regelmäßig angepasst werden muss.

Bitte aufpassen: Wenn die Inflation bei 2 % p. a. liegt, muss der Beitrag mit einem deutlich höheren Satz dynamisiert werden. Die Inflation bezieht sich auf das notwendige Kapital (z. B. 181.000 €) und die Dynamik auf den Beitrag (z. B. 115 € mtl.). Unterschiedliche Bezugsgrößen erfordern unterschiedliche Sätze!

Laufzeit	Dynamik p. a.
12 Jahre	ca. 15 %
20 Jahre	ca. 8 %
30 Jahre	ca. 6 %
40 Jahre	ca. 5 %

Wenn der dynamische Beitragsansatz gewählt wird, muss eine Mindestdynamik von 5 % p. a. angesetzt werden. Dies hat zur Folge, dass der Beitrag rapide steigt. Im 37. Beitragsjahr müssen statt 115 € mtl. ca. 700 € aufgebracht werden. Der Beitrag steigt über die Jahre exponentiell an. Auch diese Lösung ist für viele nicht umsetzbar.

Die folgende Variante ist in den meisten Fällen am machbarsten.

10.1.3 Teildynamischer Beitrag

Für diejenigen, die nicht sofort einen sehr hohen Beitrag leisten und auch keine Dynamik von mind. 5 % p. a. finanzieren können, ist eine Mischform die beste Lösung.

Je eher ein Sparer sein Geld investiert, desto weniger muss er durch den Zinseszinseffekt als Beitrag aufbringen.

Daher sollte er auf jeden Fall den dynamischen Beitrag von 115 € leisten. Wenn er allerdings die Möglichkeit hat, z. B. 150 € ab sofort zu investieren, sollte er dies tun. So kann er dann immer mal wieder eine notwendige Dynamik aussetzen und er wird nicht irgendwann einen Beitrag von 700 € mtl. bezahlen müssen.

Insgesamt sind die drei Beitragsverläufe in der Grafik schematisch dargestellt.

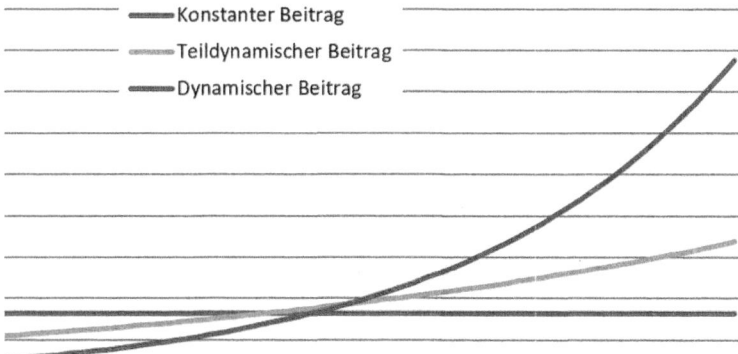

Abb. 44: Beitragsverlauf mit Inflationsbetrachtung
© Helvetia Leben Akademie

Tipp: Die Inflation sollte immer berücksichtigt werden. Wenn dies durch die Beitragserhöhung erreicht werden soll, muss die Dynamik deutlich über der Inflationsrate liegen!

10.2 Dynamische Rentenlücke

In der Rentenphase greift die Inflation ebenso wie in der Ansparphase. Hier wirkt sie sogar extremer, da ohne regelmäßiges Einkommen keine zusätzlichen Beiträge bezahlt werden können. Die Kaufkraft der Finanzmittel sinkt.

Woran liegt das?

Ein Ruheständler hat verschiedene Einnahmen: gesetzliche, private und betriebliche Rente, Kapitaleinkünfte, Mieteinnahmen usw.

Viele dieser Einnahmen steigen durch Rentenanpassungen- und/oder Mietsteigerungen pro Jahr. Dennoch reicht dies meist nicht aus, um die Inflation von z. B. 2 % p. a. auszugleichen.

Auch wenn eine Rente sich z. B. jedes Jahr durch Überschüsse um ca. 1 % p. a. erhöht, sinkt insgesamt die Kaufkraft um 1 % p. a. (1 % p. a. Steigerung minus 2 % p. a. Inflation).

Dies führt dazu, dass auch, wenn die Rentenlücke mit z. B. 67 Jahren komplett geschlossen ist, sich über die Zeit wieder eine Lücke auftut. Bei dem folgenden Beispiel werden die gesetzliche Rente mit 0,5 % und die Basis- und private Rente mit 1,3 % p. a. dynamisiert. Eine Rentenlücke ist mit 67 Jahren nicht vorhanden.

Eingaben

Wunschrente (Netto) inkl. KV-Bedarf - siehe Eingabe	2.137 EUR mtl.	
Notwendige Rente für das Existenzminimum	1.496 EUR mtl.	Oft sind es 70% = 1.496 EUR der Wunschrente

		(Renten-) Steigerung
Gesetzliche Rente / Versorgungswerk (Brutto)	1.400 EUR mtl.	0,50%
Basisrente (Brutto)	0 EUR mtl.	1,30%
Riesterrente (Brutto)	0 EUR mtl.	1,00%
betriebliche Altersversorgung (Brutto)	500 EUR mtl.	1,30%
Mieteinkünfte (Brutto)	0 EUR mtl.	1,50%
Sonstige Renten mit Ertragsanteil (Brutto)	0 EUR mtl.	1,30%
Verfügbares liquides Kapitalvermögen / Neuanlage	200.000 EUR	
Daraus resultierende Kapitalrente (Brutto) ca.	597 EUR mtl.	1,30%
(ACHTUNG: Simulation mit einer klassischen Verrentung!)		
Inflation	2,00%	
Rendite (nach Kosten) bei einem Auszahlplan	5,00%	

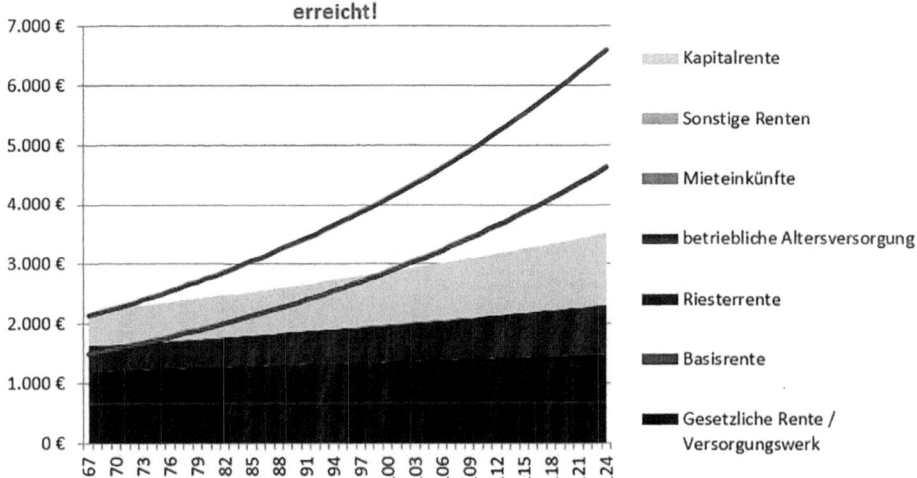

Abb. 45: Dynamische Rentenlücke
  © Helvetia Leben Akademie

Die Grafik zeigt den Gesamtverlauf der Entwicklung bis ins hohe Alter. Für den Ruhestand sollte zwischen der Existenzrente (Wohnen, Essen, Kleidung) und der Wunschrente (zzgl. Urlaub, Freizeitgestaltung etc.) unterschieden werden. Die Existenzrente muss immer zur Verfügung stehen.

	67 Jahre	77 Jahre	87 Jahre	97 Jahre	107 Jahre	117 Jahre
Rentenwunsch	2.137 €	2.605 €	3.175 €	3.871 €	4.718 €	5.752 €
Gesamtrenten	2.211 €	2.390 €	2.587 €	2.806 €	3.048 €	3.316 €
Lücke	0 €	215 €	588 €	1.065 €	1.670 €	2.435 €

Abb. 46: Dynamische Rentenlücke als Tabelle
© Helvetia Leben Akademie

Bei diesem Beispiel fehlen schon nach 10 Jahren etwa 220 € mtl. Ab einem Alter von ca. 100 Jahren fällt die Gesamtrente wegen der Kaufkraftminderung unter die Existenzrente. Eine fatale Entwicklung!

Diese Entwicklung wird die dynamische Rentenlücke genannt, da ein Ruheständler, der mit 67 Jahren ausgesorgt hat, im hohen Alter durch die Inflation und kaum vorhandene Rentensteigerungen von einer deutlichen Rentenlücke betroffen ist. Die Kaufkraft sinkt über die Zeit massiv.

Als Lösung muss eine Anlage genutzt werden, die mehr als 2 % p. a. erwirtschaftet. Alle anderen Anlageformen helfen nicht bei der Eindämmung der dynamischen Rentenlücke.

In der Nullzinsphase bleiben dafür nur Sachwerte (Aktienfonds) übrig. Für eine monatliche Auszahlung bieten einige Gesellschaften einen sog. Auszahlplan an. Wenn beim obigen Beispiel bei der Kapitalanlage z. B. eine Rendite von 6,5 % p. a. erwirtschaftet wird, sieht der Verlauf wie folgt aus:

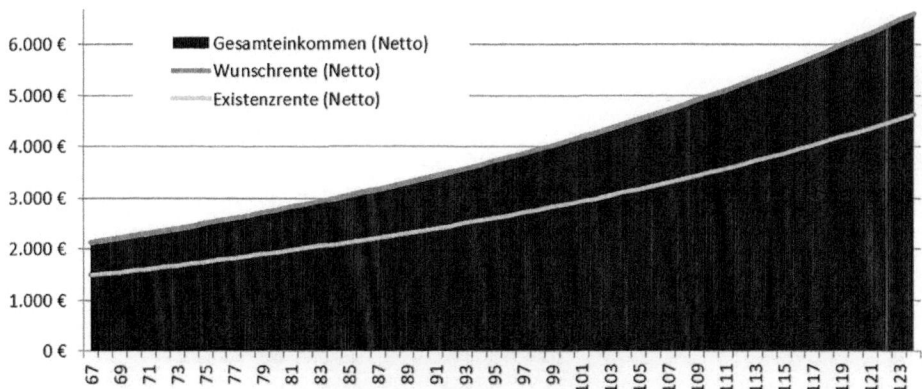

Abb. 47: Lösung der Dynamische Rentenlücke
© Helvetia Leben Akademie

Auch ein Alter von 120 Jahren wäre dann kein Problem.

Zwar sind Aktien(fonds) risikoreicher als eine garantierte Rente, doch nur so kann eine höhere Rendite erwirtschaftet werden. Es kann bei dieser Gestaltung passieren, dass durch eine Finanzkrise oder eine geringere Rendite das Geld irgendwann aufgebraucht ist. Bei einer Komplettverrentung würde dieses Problem schon sehr viel schneller und in jedem Fall auftreten. Auch hier muss jeder entscheiden:

Will ich eine sichere und garantierte Verrentung haben, von der ich heute schon weiß, dass sie im Alter nicht ausreichen wird?

Oder will ich Teile des Vermögens (nicht alles) für eine etwas risikoreichere Anlage nutzen, um zumindest die Chance auf die Bewältigung der dynamischen Rentenlücke zu haben?

Darf der Weg auch im Ruhestand etwas holpriger sein, um das Ziel zu erreichen? In der Regel hat man auch hier eine Laufzeit von 20 und mehr Jahren.

Fazit:

In der Anspar- und Ruhestandsphase muss sich jeder überlegen, ob er eine etwas riskantere Anlage nutzen möchte, um sein Ziel zu erreichen.

11 Fazit

Die Geldanlage in der Niedrigzinsphase birgt zahlreiche Stolpersteine und Beratungsfehler. Für konservative Anleger ist heute schon sicher, dass sie die meisten ihrer Ziele nie erreichen können.

Jeder muss sich daher folgende Fragen stellen:

Welche Ziele sind mir wichtig?

Welche Sicherheit kann ich mir dafür leisten?

Welcher Berater kann auch in der Niedrigzinsphase optimal beraten?

Die Ausbildung zum Ruhestandsplaner (HLA) leistet genau dies: eine Beratung, die die aktuellen Entwicklungen und die heutige Zinslandschaft vorausschauend berücksichtigt.

Jeder Mensch ist klug ...

der eine vorher,

der andere nachher!

Lassen Sie uns zur ersten Gruppe gehören!

Abbildungsverzeichnis